W0069292

MADE IN GERMANY

Massimo Bognanni ist Reporter im Investigativteam beim Handelsblatt. *Sven Prange* ist Mitglied der Chefredaktion und Textchef der WirtschaftsWoche.

Massimo Bognanni, Sven Prange

MADE IN GERMANY

Große Momente
der deutschen Wirtschaftsgeschichte

Campus Verlag
Frankfurt/New York

Inhalt

Vorwort

Die Stimmungslage der Deutschen könnte widersprüchlicher kaum sein. Einerseits durchlebt das Land heute eine der wirtschaftlich stärksten Epochen seiner Geschichte. Deutsche Unternehmen sind Exportweltmeister, deutsche Premiumprodukte in aller Welt gefragt und nie war die Arbeitslosigkeit niedriger.

Einerseits. Andererseits ist dieses Deutschland auch verzagt. Man mag »die Moderne« nicht mehr so gerne, man hat Angst vor offenen Grenzen und freiem Handel. Man schaut neidisch auf die amerikanischen Internetkonzerne und fragt bange: Was lassen die wohl von meinem Arbeitsplatz, meinem Unternehmen übrig, wenn die digitale Revolution erst mal über uns geschwappt ist?

Sie denken dann an Fragen wie: Ist unser einzigartiger Mittelstand weiterhin die Zier der Ökonomie, wenn demnächst der Geist der digitalen Revolution die Leitwährung der globalen Industriegesellschaft wird? Wovon wollen wir leben, wenn die Weltgesellschaft demnächst in Google-Cars statt Daimlers durch die Metropolen fährt? Und was macht der deutsche Tüftler demnächst, wenn ihn intelligente Roboter aus der Werkshalle verdrängt haben?

Wie so oft hilft »der Blick zurück« dabei, Ängste zu nehmen. Denn die derzeitige Phase des Umbruchs ist für den Kern der deutschen Wirtschaft keine neue Erfahrung. Zweimal musste sie sich in den vergangenen zwei Jahrhunderten neu erfinden. Das erste Mal zu Beginn der Industrialisierung. Und das zweite Mal nach dem Zweiten Weltkrieg, als Wirtschaft und Gesellschaft in Deutschland einen moralischen wie wirtschaftlichen Bankrott zu verzeichnen hatten und schon deswegen wieder von vorn beginnen mussten.

Zweimal hat dieser Neuanfang sehr stabile ökonomische Fundamente für die folgenden Epochen gelegt. Wenn wir jetzt also in einer Phase sind, in der die digitale Revolution und die große Krise des Finanzkapitalismus unser Wirtschaftssystem zum dritten Mal grundlegend verändern, hilft der Blick auf die Essenzen der ersten zwei Umwälzungen – auf die Meilensteine der deutschen Wirtschaftsgeschichte.

Es sind Ereignisse, die die Grundsteine dafür legten, dass Deutschland der große Gewinner der derzeitigen Globalisierung ist. Aus diesen Meilensteinen kristallisieren sich Tugenden heraus, die unser Wirtschaftssystem charakterisieren, wenn es sich heute auf den Weg in die Zukunft macht – Lehren, aus welchen Eigenschaften sich welche Stärken unseres Wirtschaftssystems entwickelten. Exemplarisch seien da genannt:

◎ die Aufmüpfigkeit, mit der Friedrich List und Karl Marx den deutschen Obrigkeitsstaat herausforderten und die soziale Frage thematisierten,
◎ die Schlitzohrigkeit, mit der Ernst-Wilhelm Arnoldi oder Alfred Krupp große Konzerne gründeten,

- Moral, ohne die Wirtschaft nicht funktioniert, wie die Biografien von Berthold Beitz im Positiven und Ferdinand Porsche im Negativen zeigen,
- das Gespür für die soziale Frage, mit dem Ferdinand von Stumm-Halberg und Hugo Stinnes das deutsche Miteinander von Arbeitgebern und Arbeitnehmern begründeten,
- der Wagemut, mit dem Bertha Benz das Auto durchsetzte,
- das Verhandlungsgeschick und die Kompromissbereitschaft, mit der Hermann Josef Abs an der Spitze der Deutschen Bank brillierte und Birgit Breuel die Privatisierung der ostdeutschen Wirtschaft vorantrieb,
- die Geradlinigkeit, mit der die D-Mark ins Leben gerufen wurde und, ganz wörtlich genommen, Dieter Rams deutsche Designgeschichte schrieb,
- die Kooperationsbereitschaft, die bei der Gründung der deutschen Chemie-Branche und der deutschen Luftfahrt so wichtig war,
- die Fantasie, mit der nach dem Krieg die Brüder Karl und Theo Albrecht das Discount-Prinzip erfanden oder die SAP-Gründer später den einzigen deutschen IT-Konzern von Weltgeltung formten,
- die Weltoffenheit, ohne die Industriekonzerne wie Siemens oder der komplette deutsche Mittelstand nie zu Größe gelangt wären.

Das also sind zehn Eigenschaften, die zeigen: Die Wirtschaft braucht Macher, die bereit sind, Bestehendes zu hinterfragen, und die mit den gewonnenen Erfahrungen Neues errichten wollen. Dieses Buch will helfen, anschaulich und nah an den Protagonisten, die Erinnerung an diese Erfahrungen zu bewahren. Die Entdeckungsreise durch die Wirtschaftsgeschichte unseres Landes bringt dabei erstaunlich aktuelle Lehren zutage.

1817

Friedrich List
Wegbereiter
des Deutschen Zollvereins

1781 Immanuel Kant veröffentlicht die *Kritik der reinen Vernunft*, ein Schlüsselwerk der europäischen Aufklärung.

1782 Friedrich Schillers Drama *Die Räuber* wird in Mannheim uraufgeführt. Zusammen mit Goethes Roman *Die Leiden des jungen Werther* (1774) läutet es die Epoche des literarischen »Sturm und Drang« ein.

1785 Eine Personenreise von Paris nach Straßburg dauert nach dem Ausbau eines Chausseenetzes aus befestigten Straßen rund viereinhalb Tage.

1800 Schätzungsweise 900 Millionen Menschen leben auf der Erde, davon 50 Millionen in Städten über 10 000 Einwohnern.

1815 Der auf dem Wiener Kongress ins Leben gerufene Deutsche Bund umfasst 41 souveräne Staaten.

Die Auswandererbefragung
von Heilbronn

Friedrich List ist unbequem. Schonungslos sagt er selbst dem König, was im Lande Württemberg schief läuft. Das Leid Tausender Auswanderer erregt ihn so sehr, dass er nach Lösungen sucht. Er wird zum Vordenker der Deutschen Zollunion.

Die Sondermission ist heikel. Seine Königliche Majestät hat sie persönlich angeordnet. Und der Innenminister hat im größtmöglichen Gehorsam seinen besten Mann ausgewählt: Es ist Friedrich List, ein junger Rechnungsrat in Stuttgart, der am 29. April 1817, 17 Uhr, das Briefkuvert mit dem königlichen Siegel aufschlitzt. Aufgeregt überfliegt der 28-jährige Beamte das Schreiben mit dem königlichen Auftrag.

Es hat Eile, denn die Auswanderungswelle sorgt für Druck. Seit Januar 1816 haben 19 000 Menschen die Ausreise beantragt. Pächter, Bauern, Handwerker – sie alle wollen das kleine Königreich Württemberg verlassen. Am 1. Mai soll ein Transporter mit Auswanderern von Heilbronn losschippern, über den Neckar, auf den Rhein, bis zu den Atlantikhäfen der Niederlande – und von dort geht es auf die große Überfahrt nach Amerika, ins Land der Freiheit und des steigenden Wohlstands.

»Seine Königliche Majestät haben sich zu dem Befehle gewogen gefunden, dass hierüber nähere Untersuchung durch Vernehmung der Auswanderer eingeleitet werden soll«, heißt es in dem Brief, der List erreicht hat. Und, falls möglich, solle der Regierungsrat die Auswanderungswilligen »durch angemessene Belehrung« gleich von ihrem Vorhaben abbringen.

König Wilhelm I. läuft das Volk davon

Ein Grinsen huscht über Lists bubenhaftes, von franseligen Koteletten eingerahmtes Gesicht. Innenminister Karl von Kerner scheint ihm wohlgesonnen, denn es ist nicht der erste Sonderauftrag für das junge Talent. Wie vor einem Jahr, als er die Verwaltung seiner Heimatstadt Reutlingen prüfen sollte. Die Bürger der einst unabhängigen Reichsstadt hatten es nicht verkraftet, fortan von Oberamtmann Veiel verwaltet zu werden, diesem ihrer Meinung nach korrupten und inkompetenten Autokraten. List prüfte seine Verwaltung schonungslos. Da halfen auch die Proteste Veiels nicht, List sei doch als gebürtiger Reutlinger parteiisch. Der Nachwuchsbeamte List schlug vor, die Buchführung zu vereinfachen, ausstehende Steuern sofort einzutreiben und verlustbringende städtische Betriebe zu verkaufen: eine Ohrfeige für den Oberamtmann. Veiel wurde strafversetzt – unter dem Jubel der Reutlinger.

Zum Dank bekam List eine Festanstellung als Rechnungsrat und fortan ein ansehnliches Monatssalär von 1 200

Gulden. Jetzt soll er also in Heilbronn tätig werden. Einmal mehr ist Lists kritischer Blick gefragt. Am frühen Morgen passiert er den Fleiner Torturm, eilt durch die Fleiner Straße, vorbei an der Kilianskirche, durch die Kirchbrunnenstraße zum Brückentor, in die dicht bebaute Altstadt. Enge Gassen, schiefe Fachwerkhäuser, kleine Marktplätze: ein beschauliches Städtchen, das weniger als 10 000 Einwohner zählt.

Bevor er seine Mission beginnt, meldet sich der Rechnungsrat beim Oberamt der Stadt Heilbronn, mit dem königlichen Kuvert wedelnd. Ordnung muss sein. Zwei Einheimische begleiten ihn zum Hafen. Als wolle sie sich anschauen, welch Unheil sie über Württemberg gebracht hat, steigt an diesem April-Morgen über dem Hafen die Sonne auf. Endlich Sonne – ein ganzes Jahr hat sie sich nicht blicken lassen. »Achtzehnhundertunderfroren« hatten sie das düstere, eisige Jahr 1816 geschimpft. Die Getreide- und Kartoffelernte war ausgefallen, es folgte die große Teuerung. Brot kostete ein Vermögen. »Herr, gib uns täglich Brot aus Gnaden immerdar. Vor Mangel, teurer Zeit uns fernerhin bewahr«, beteten die Menschen. Es half nichts. Vor allem die Arbeiter mussten ihre bescheidenen Besitztümer verkaufen, um zu überleben. Zehntausende verarmten völlig.

Notausgang: Amerika

Wie wimmelnde Ameisen laufen Hunderte Menschen vor dem Heilbronner Hafenkai umher. Voll bepackte Pferdekarren knarzen über das Kopfsteinpflaster. Ächzend hievt der hölzerne Kran unentwegt Fracht auf die Schiffe. Auf dem Hafenvorplatz hausieren Menschen zwischen Habseligkeiten, andere drängen schon auf die Schiffe. Insgesamt 600 bis 700 Württemberger bereiten sich auf die lange Reise vor. Acht Kähne haben am Ufer festgemacht, fertig für die Abfahrt in 48 Stunden.

Es wird ein Wettrennen. Immerhin ist List als Journalist, als der er sich nebenher versucht, das Befragen von Menschen nicht fremd. Er quartiert sich direkt am Hafen ein, im Gasthaus *Zum Kranen*. Gleich vor seiner Bleibe werden Auswanderungswillige ins Verzeichnis aufgenommen und geben ihre Fracht auf. *Check-in* ins gelobte Land. List packt einen Mann bei der Schulter, beugt seinen pausbäckigen Wuschelkopf vor, redet mit ruhiger Stimme. Er bitte um Entschuldigung, und dies im Namen der Königlichen Majestät. Er sei aus Stuttgart angereist. Keineswegs sei gemeint, der Auswanderung irgendein Hindernis in den Weg legen zu wollen. Es gehe lediglich um eine Erkundung der Gründe.

Nach einigem Zögern spricht der Auswanderer Jakob Strähle, Zimmermann aus Eggolsheim (Oberamt Ludwigsburg), verheiratet, drei Kinder. Offenherzig, so bittet List, solle Strähle die Ursachen schildern, warum er sein Vaterland verlassen wolle, um in ein entferntes, noch nicht entwickeltes Land zu ziehen.

Die Wut der Bürger

Zum ersten Mal wird Strähle von offizieller Seite nach seinem Befinden gefragt. Der Zimmermann lässt sich nicht lange bitten. Keinen Verdienst habe er, klagt Strähle. Dazu noch dieser ständige Druck: »Wir mögen klagen, wo wir wollen, so finden wir kein Recht. Die Abgaben sind eben zu groß. Anno 1811 haben wir dem König die Straßenkosten vorschießen müssen, aus unserem Beutel, und man sagte uns, es werde wieder zurückbezahlt. Jetzt hören wir, der Amtspfleger, der die Kasse verwaltet, habe das Geld schon vor zwei Jahren erhalten und treibe es um.«

Strähles Stimme bebt. Als sei ein Damm gebrochen, sprudelt der aufgestaute Verdruss ganzer Jahre aus ihm heraus. Die Getreideabgabe zum Beispiel: Dieses Frühjahr habe man sie von ihm erhoben, ungeachtet, dass er selbst überhaupt keine Güter besitze. Als er dem Bürgermeister und dem Schultheiß, dem städtischen Schuldeneintreiber, vor der ganzen Gemeinde klagte, er selbst habe seit Monaten kein Mehl mehr, habe es nur geheißen: »So ist der Befehl. Und wenn ihr nicht liefert, so schicke ich euch den Presser!«

Hinzu kommen die ständigen Demütigungen. Bei den Beamten höre man nichts als Schimpfwörter – »Flegel« sei noch das mindeste. Beim Eintreiben der Steuer und bei Straßen- und anderen Verträgen sei der Beamte immer der Unternehmer und nehme den Bürgern das Brot vor dem Munde weg. Strähle, der frustrierte Zimmermann, redet sich in Rage, er holt mit seinen Pranken aus, schlägt durch die Luft. »Er lässt durch seinen minderjährigen Sohn, der nicht verheiratet ist, draufschlagen«, schreit Strähle, »und wenn ein anderer Bürger draufschlägt, ist er in Verdammnis.«

Mehr als hundert Auswanderer befragt der als Sonderbotschafter eingesetzte List an den kommenden Tagen, und zwar nicht nur in Heilbronn, sondern auch in Neckarsulm und Weinheim. Was er hört, stimmt ihn nachdenklich. Korrupte Beamte allerorten, die autokratisch, unehrenhaft und unfähig sind. Geschichten von Despoten werden ihm berichtet, die ganze Städte unter sich aufteilen, von Beamten, die Spenden des Königs für die Hungerleidenden höchstbietend verscherbeln.

Gleichzeitig schmilzt die große Teuerung die Einkommen der Bürger dahin – verschlimmert durch Gemeindesteuern, Kirchenzehnten, Abgaben. Schließlich fordert auch noch der Adel seinen Tribut. Dessen Wildschweine für die Jagd zerstören die Felder der Bauern. Eine Entschädigung gibt es nicht. Selbst das Sammeln von Feuerholz in ihren Wäldern verbieten die Aristokraten. So unsicher das Leben des einfachen Volkes, so sicher ist ihm nur eines: die Willkür vor den Gerichten. Auch hier hat die Korruption Einzug gehalten.

Kaum ist List an seinen Schreibtisch zurückgekehrt, schreibt er seinen Abschlussbericht (»Stuttgart, der 7. Mai 1817«). Mit spitzer Feder prangert er die »mangelhaften Institutionen des Staates an«, ferner Korruption, Armut, Arbeitslosigkeit. Als Medizin schlägt er vor, die Macht der Feudalherren zu beschneiden. Es sind keine leicht bekömmlichen Worte, keine einfache Rezeptur, die List seinem Monarchen, König Wilhelm I., da serviert. Und damit nicht genug: Die ganze Gemeindeverwaltung müsse neu geordnet werden, schimpft List nach der Expedition in ein geknechtetes Land.

Doch es gibt in seinen Augen ein übergeordnetes Übel. Wenn er, wie List schreibt, die Resultate seiner Untersuchung in einem Satz zusammenfasse, so gebe es eine Grundursache für die Auswanderung: »Übelbehagen, das heißt Druck, Mangel an Freiheit, in ihren bisherigen Verhältnissen als Staats- und Gemeindebürger.«

Der Mangel an Freiheit als Grundübel ist das Motiv, das den ehrgeizigen Beamten nicht mehr loslassen wird. Geprägt von den Armutsbefragungen im Jahr 1817 wird List ein Vordenker des Liberalismus. Wenig später überträgt er diese Denkweise auf die Wirtschaft und wird Mitbegründer des Allgemeinen Deutschen Handels- und Gewerbevereins. In einer Petition fordert er 1819 vor der Bundesversammlung einen gemeinsamen deutschen Binnenmarkt.

Die Schranken der 39 Einzelstaaten, die Händlern auf deutschem Grund das Leben erschweren, sollen fallen. »Zoll- und Mautlinien in Deutschland lähmen den Verkehr im Innern und bringen ungefähr dieselbe Wirkung hervor, wie wenn jedes Glied des menschlichen Körpers unterbunden wird, damit das Blut ja nicht in ein anderes überfließe. Um von Hamburg nach Österreich, von Berlin in die Schweiz zu handeln, hat man zehn Staaten zu durchschneiden, zehn Zoll- und Mautordnungen zu studieren, zehnmal Durchgangszoll zu bezahlen«, heißt es in der Philippika des einstigen württembergischen Beamten.

Jahrzehntelang wird Friedrich List für seine Vision kämpfen. Wegen Verleumdung der Regierung und Verletzung des Pressegesetzes sollte der glühende Patriot ins Gefängnis. Mit seiner Auswanderung in die USA 1825 entging er der Strafe. In den Vereinigten Staaten war er Farmer, Kohleförderer, Zeitungsredakteur und Eisenbahnpionier.

Trotz aller Widerstände sollten Lists Ideen Gehör finden: Am 1. Januar 1834 tritt der Deutsche Zollverein unter preußischer Führung in Kraft: Der erste gemeinsame deutsche

Wirtschaftsraum ist geboren. Norddeutsche und süddeutsche Staaten bildeten im Herzen Europas eine Freihandelszone von 30 Millionen Einwohnern. Zölle und Abgaben, die den Warenaustausch bis dato behindert hatten, wurden eingeschränkt oder fielen gleich ganz weg. Ökonomisch war der Zusammenschluss rasch ein Erfolg. Vor allem Produkte aus Preußen und Sachsen fanden ihren Weg vermehrt in den Süden. Und auch bei den Zahlungsmitteln kam man sich näher: Die Staaten entwickelten ein Taler-Gulden-System.

Was daraus wurde

Über 181 Jahre nach Inkrafttreten seines Herzensprojektes ist der Vordenker Friedrich List den meisten Menschen in Deutschland weitgehend unbekannt. Häufig werden sein Name und seine Lehren mit Schutzzöllen und Protektionismus in Verbindung gebracht – und gelten manchem Experten als historisch überholt. Dabei nimmt List in der deutschen Geschichte einen wichtigen Platz ein – den des Wegbereiters des Deutschen Zollvereins. Zwar hat er an den Verhandlungen, die zum Zollverein führten, nie direkt teilgenommen. List hat aber öffentlich wie kein anderer für den Zollverein geworben und mit seinen Ideen und Lehren die Freihandelsdebatte befeuert.

Dank des Zollvereins erwuchs aus vielen deutschen Kleinstaaten erstmals eine gemeinsame Wirtschaftszone. Der Verein sorgte für einen wirtschaftlichen Aufschwung und bildete den Grundstein für die Einigung Deutschlands 1871. Manchen gilt dieses seltene Beispiel gelungener Integration sogar als Referenzpunkt der europäischen Integration.

Lesetipp

Eugen Wendler, *Friedrich List (1789–1846). Ein Ökonom mit Weitblick und sozialer Verantwortung*, Wiesbaden 2013.

1827

Ernst-Wilhelm Arnoldi
Erste Lebensversicherung

1817 Friedrich Harkort richtet auf der Burg Wetter an der Ruhr – nach englischem Vorbild – eine der ersten Maschinenfabriken in Deutschland ein.

1819 Mit den »Karlsbader Beschlüssen« sucht Fürst Klemens von Metternich die liberalen und nationalen Bestrebungen im Deutschen Bund zu bekämpfen.

1824 Franz Schuberts Liederzyklus »Die schöne Müllerin« bildet in der Musikgeschichte den Auftakt der Romantik.

1825 Mit der Eröffnung der weltweit ersten Eisenbahnstrecke zwischen Darlington und Stockton beginnt das Zeitalter der Eisenbahn.

Kleiner Kniff mit großer Wirkung

*Als Ernst-Wilhelm Arnoldi ins Versicherungsgeschäft ein-
steigt, nutzt er einen Trick. Er hat Erfolg und gründet daraufhin ein paar Jahre später die erste Lebensversicherung
in Deutschland – eine Geldanlage, die die Deutschen bis
heute lieben.*

Er sitzt an jenem Abend wieder einmal in seiner Kammer
und zerbricht sich den Kopf, wie so oft in den vergangenen
Jahren. Es arbeitet in ihm, es drängt, er spürt dieses Gefühl
aufgestauter Energie, das nur Menschen kennen, die wie er
vor Ideen sprudeln und gar nicht damit hinterherkommen,
sie umzusetzen. Es muss ihm doch gelingen, die Menschen
zu überzeugen. Der Gedanke, den er mit sich herumträgt, ist
doch so bestechend: Er will jetzt, da die Industrialisierung
richtig Fahrt aufgenommen hat und »Handel und Wandel«
immer größer werden, diese Geschäfte absichern: zunächst
vor Feuerschäden, später auch vor anderen Risiken.

Ernst-Wilhelm Arnoldi weiß, dass dafür die kleinen Ge-
meinschaften auf Gegenseitigkeit, mit denen Menschen seit
einigen Jahrhunderten sich und ihre Aktivitäten vor Risiken
zu sichern versuchen, nicht mehr reichen. Man benötigt eine

breitere Basis: Wenn ganz viele Menschen aus dem ganzen Reich in eine solche Versicherung regelmäßig ihre Prämien zahlen, dann könnte diese groß genug sein, auch einen großen Schaden in einem der Industriebetriebe, die sich nun auch im heimischen Thüringen ansiedeln, zu begleichen. Arnoldi hat in den Wochen zuvor die Idee verbreitet: beim Hof zu Gotha, seiner Heimatstadt, bei den Gewerbetreibenden vor Ort, im Bürgertum.

Ihm ist dabei klar geworden: Die Menschen vertrauen ihm nur, wenn ihm auch möglichst viele andere Menschen vertrauen. Nur dann haben sie die Gewissheit, dass Arnoldis Unternehmen aufgrund der Beitragszahlungen über ein so gutes Finanzpolster verfügt, dass es im Schadensfall auch zahlen kann. Es braucht also ausreichend viele Menschen, die den ersten Schritt gehen.

Es ist der Vorabend des Jahres 1821, und die Zeit drängt. Arnoldi, Backenbart, schütteres Haar, stechender Blick, hat ein halbes Jahr zuvor, am 2. Juli 1820, voller Optimismus sein Versicherungsunternehmen zu Gotha gegründet. In die Satzung hat er geschrieben: »Die Bank tritt erst in ihre volle Wirksamkeit, sobald die Summe der Versicherungen 4 Millionen Thaler erreicht.« Er hatte erwartet, dass sich bis zum 1. Januar 1821 schon eine noch größere Summe angesammelt haben werde.

Nun aber ist es Ende Dezember 1820, und die Anträge jener, deren Versicherungsbeginn auf den 1.1.1821 festgesetzt ist, belaufen sich nur auf 2,8 Millionen Thaler. Wenn er deswegen am nächsten Tag nicht startet, ist sein ganzer Plan hinüber. Merken die Vor-Zeichner, dass nicht ausreichend

Policen verkauft wurden, werden sie womöglich misstrauisch und ziehen ihre Zusagen zurück.

Also beginnt er die Nummerierung jener Policen, die er ab dem nächsten Morgen ausgeben möchte, mit der Nummer 101 statt mit einer 1. Sein Kalkül: So glauben die ersten Policenbesitzer, bereits Mitglied einer größeren Gefahrengemeinschaft zu sein. Die Hand zittert, als sie den Wechsel fälscht – und dennoch gelingt der Trick.

Schlauer Trick oder eiskalter Betrug?

Wenige Wochen später wird Arnoldis Feuerversicherungsbank mehrere hundert Kunden versichert haben. Einige Wettbewerber wittern zwar den Trick und schreien Betrug. Doch Arnoldis Kalkül geht auf: Nachdem einmal die kritische Masse erreicht ist, gibt es kein Zurück mehr. Ende 1821 wird der Bestand an Versicherungen auf 18,6 Millionen Thaler gewachsen sein. Und Arnoldi weiß: Sein Grundgedanke funktioniert. Er verwirklicht so zum ersten Mal in Deutschland ein Prinzip, das es im Vereinigten Königreich von Großbritannien bereits zu einigem Erfolg gebracht hat, im versprengten Deutschland aber noch seinesgleichen sucht: eine Großversion des Gegenseitigkeitsvereins mit nationalem Charakter, der die gesamte deutsche Wirtschaft anspricht.

Arnoldi ist dort 32 Jahre alt und nun felsenfest davon überzeugt, dass sich Risiken am besten absichern lassen, wenn möglichst viele Menschen kleine Beiträge in eine Kasse zahlen, um im Notfall für die Mitversicherten einspringen zu können. Und Risiken gibt es ausreichend: Feuer, Diebstahl, Maschinenschäden, die Gesundheit – ja, sogar das Leben.

Er ist in diesen Tagen, während seine Frau die vier Kinder aufzieht, mit der Idee immer mal wieder in der Gothaer Innungshalle aufgetreten. Er hat extra einen Verein gegründet, der dort regelmäßig tagt. Dessen einziger Zweck lautet: Arnoldi will Gothas Kaufleute dazu bewegen, sich mit seiner Idee einer »Versicherungsbank«, wie er das Geschäftsmodell nennt, zu beschäftigen. Die Farbenfabrik bei Remstedt und die Steingutfabrik bei Ilmenau, die ihm sein Vater schon 1813 überlassen hat, lasten ihn, der in seiner Freizeit gerne Lyrik schreibt und sich mit einem gewissen Johann Wolfgang von Goethe aus dem nicht weit entfernten Weimar trifft, schon lange nicht mehr aus. Eine Zeit lang hat er neben der Lyrik auch noch Energie darauf verwendet, eine Exporthandlung für thüringische Erzeugnisse in Richtung der holländischen Überseehäfen aufzubauen; diese Form des traditionellen Kaufmannstums aber langweilt ihn zusehends. Stattdessen treibt ihn die Frage um, wie sich die mit wachsenden Geschäftsvolumina steigenden Risiken absichern lassen.

Er hat diese Idee schon mal an einem Sommerabend 1818 zu Papier gebracht. Er weilte seinerzeit auf einer seiner vielen Reisen in Köln. Er saß des Abends, wie er das durchaus zu tun pflegte, alleine in seiner Herberge, als ihm diese Zeilen in den Sinn kamen: »Wer nur gerecht ist, wird hart; wer nur natürlich ist, wird roh. Sei gerecht und billig, natürlich und gesittet. Verdienstliche Handlungen erwerben Achtung. Liebe ist der Bescheidenheit Lohn; Heuchelei ist falsche Münze; Wahrheit ist echtes Gold. Auf krummen

Wegen gehst Du krumm; Du gleitest auf schlüpfrigen. Geradheit ist des Mannes Zier.« Und für ihn steht an diesem Abend fest, welche »Geradheit« er der Nachwelt hinterlassen möchte. So schreibt Arnoldi an seine Gothaer Mit-Kaufleute: Er hoffe, dass »durch die Vereinigung aller deutschen Fabriken und Manufakturen für gemeinschaftliche Zwecke eine Versicherungsanstalt zustande käme«.

Sein Vorbild sind die englischen Feuerversicherer, die sich rasant auf dem europäischen Festland ausdehnten – allen voran die *Phoenix Assurance Company*, die bereits 1786 ihre erste Filiale in Hamburg eröffnet hatte. Weil sie auf privater Initiative beruhte, kalkulierte sie sehr realistisch und taxierte die möglichen Risiken auf ihre Versicherbarkeit. Die geforderten Prämien waren nach dem Gefahrengrad differenziert und auf die bisherigen geschäftlichen Erfahrungen abgestellt.

Arnoldi war dort selbst Kunde und schaute sich das Geschäftsmodell somit quasi von innen an. Weil die Briten mit ihrer Vormachtstellung immer höhere Prämien durchsetzten, ahnte Arnoldi: Selbst eine solche Versicherungsbank aufzuziehen, könnte womöglich lukrativer für seine Unternehmen sein. Er entwarf ein Grundsatzpapier und ließ dies am 1. Oktober 1819 von 16 Gothaer Kaufleuten unterschreiben.

Solidarität, nicht Gewinnmaximierung

Die Stadt Gotha liegt verkehrsgünstig; die herzogliche Verwaltung ist im Vergleich mit den anderen Teilstaaten am wenigsten bürokratisch, und es fallen in Gotha keine Sonderabgaben für Versicherungen an. Innerhalb kürzester Zeit beteiligen sich 118 Kaufleute und Firmen an dem Unternehmen und sorgen so dafür, dass der Vorstand der Versicherungsbank am 2. Juli 1820 zur konstituierenden Sitzung zusammentritt. Es folgt eben jener Trick vom 1. Januar 1821, der aus dem Plan ein Unternehmen formt. Und Arnoldi wird Chef der ersten deutschen Versicherungsbank.

Ihm geht es bei der Führung des Unternehmens nicht um eine Gewinnmaximierung, sondern um günstige Beiträge für die Versicherten – schließlich profitieren seine drei Unternehmen selbst davon. Bereits nach dem ersten Geschäftsjahr werden den Versicherten 31 Prozent der Beiträge erstattet, ein Jahr später sogar 64 Prozent.

Es sollten zwei Jahre vergehen, bis Arnoldi seinen Plan, aus der Feuerversicherungsbank Größeres zu schmieden, wieder aufnimmt. Im Jahr 1823 sitzt Arnoldi erneut daran, eine jener Denkschriften zu verfassen, mit denen er seine Zeitgenossen regelmäßig aufzurütteln pflegte. Arnoldi schreibt: »Das Bedürfnis, die ihres Hauptes beraubte Familie gegen Mangel zu sichern, das eigene Gemüth aber von der Qual zu befreien, welche der Gedanke an einen frühzeitigen Tod bei unerzogenen Kindern, und der Vermögensunzulänglichkeit der Wittwe mit sich führt; dieses Bedürfnis ist so groß, so allgemein, und mehr oder weniger lebhaft gefühlt, dass es nur einer Anregung bedarf, um einer Lebensversicherungsbank, bei welcher jeder Versicherte als Actionar anzusehen ist, einen unglaublichen Wirkungskreis zu verschaffen.«

In Hamburg hatte Levin Anton Wilhelm Benecke zwar 1806 schon einmal versucht, das Leben zu versichern. Das daraus hervorgegangene Unternehmen musste aber in den Kriegswirren von 1814 Konkurs anmelden. Dementsprechend skeptisch sind die Zeitgenossen, als Arnoldi die Idee wieder aufgreifen will. Was bringt eine Versicherungsform, deren erster Vorläufer im Krisenfall selbst als Erster kollabierte?

Zwei Jahre wirbt Arnoldi für seine Idee, bis ihm ein glücklicher Zufall hilft: Ausgerechnet Herzog Friedrich IV. von Sachsen-Coburg-Gotha hat sein Leben bei einer englischen Versicherung versichert. Die aber will beim Tod des Herrschers nicht zahlen – dieser sei schwachsinnig gewesen, was nicht versicherbar sei. Der Hof hat fortan ein Interesse, seine Risiken nicht mehr im Ausland abzusichern, und fördert Arnoldi.

Der beginnt, sich mit dem britischen System der Lebensversicherung zu beschäftigen. So zieht er auch die Übersetzung eines Werkes des in Cambridge lehrenden Mathematik-Professors Charles Babbage (1792–1871), *A comparative view of the various institutions of the assurance of lives,* zu Rate, das 1826 in London erscheint und eine Systematik enthält, die den Tod wirklich berechenbar macht – zumindest die damit verbundenen finanziellen Risiken: eine Sterbetafel, die für alle laufenden Geburtenjahrgänge die Todesfälle auflistet und so Wahrscheinlichkeiten berechenbar macht.

Arnoldi rechnet, tüftelt und wirbt – und gründet schließlich am 9. Juli 1827 seine »Lebensversicherungsbank für Deutschland«. In seinem Wohnhaus eröffnet er ein behelfsmäßiges Büro zur Gründung des Unternehmens. Am 1. Januar 1829 ist genug Kapital zusammen, und das Geschäft beginnt.

Neben seiner Gabe, seine Ideen über Jahre hinweg auch mit Sinn für den nötigen Eigennutz zu verfolgen, zeichnet Arnoldi vor allem eines aus: Er weiß, für sich und seine Ideen zu werben.

Wie kein Zweiter spricht er seinen Mitbürgern aus der Seele, als er durch Lyrik und Prosa die Fährnisse des Alltags beschreibt. Den Zugang, den er so zu den Menschen hat, nutzt er für seine politischen und geschäftlichen Anliegen. Arnoldi weiß: Soll seine »Versicherung für Deutschland« Wirklichkeit werden, muss der Flickenteppich Deutschland zu einem einheitlichen Wirtschaftsraum werden. Nur dann gibt es genug potentielle Kunden. Schon 1817 formuliert er im *Allgemeinen Anzeiger* den Artikel »Vorschlag zu einem Bunde unter den deutschen Fabrikanten«. Wenn schon keine politische Einigung zwischen den damals 38 deutschen Staaten zu erzielen ist, so will er – wie die meisten Kaufleute und Fabrikanten – doch wenigstens einen einheitlichen, zollfreien Binnenmarkt. Zusammen mit Friedrich List kämpft er für den Zusammenschluss zu einem vereinten deutschen Reich, den er 1834 angesichts der nun fallenden Zollschranken immerhin noch vorempfinden kann.

1841 stirbt Arnoldi nach langer Krankheit. Er wird 63 Jahre alt. Die Ärzte sprechen von Nervenfieber durch ständige Arbeitsüberlastung.

Was daraus wurde

Knapp 188 Jahre nach Ernst-Wilhelm Arnoldis Policen-Coup sind die Deutschen ein Volk der Lebensversicherten. Laut dem Branchenverband GDV hatten Menschen in Deutschland zuletzt 91,8 Millionen Lebensversicherungsverträge abgeschlossen – statistisch gesehen kommt also auf jeden Bundesbürger mehr als eine Lebensversicherung. In den Versicherungen, Pensionskassen und Pensionsfonds sammelten sie nach Berechnungen des GDV-Verbandes 2013 fast 92 Milliarden Euro an.

Der Gründer der Gothaer Versicherung hatte einen Nerv getroffen. Zunächst war es den Wohlhabenden vorbehalten, Lebensversicherungen abschließen zu können. Arnoldi versicherte zum Start 1827 das Leben von 794 Menschen mit einer Summe von 1,8 Millionen Talern. 1860 wurden die Policen schließlich durch Versicherungsvertreter auch in Deutschland zunehmend zum Massengeschäft. Arnoldis Gothaer Versicherung überlebte das Kaiserreich und die Weimarer Republik, zwei Weltkriege und zwei Diktaturen ebenso wie zwei Währungszusammenbrüche.

Lesetipp

Ernst Wilhelm Arnoldi, in: Otto Spamer, *Das Buch berühmter Kaufleute oder der Kaufmann zu allen Zeiten,* Leipzig/Berlin 1868.

1848

Karl Marx und Friedrich Engels
Gründungsdokument der Arbeiterbewegung

1830 — Die Juli-Revolution in Frankreich ermuntert die national-liberalen Bewegungen in Mittel- und Südeuropa.

1832 — In Essen wird auf einer Zeche des Unternehmers Franz Haniel durch Bohrungen erstmals das grundwasserführende Mergeldeckgebirge durchstoßen, womit eine Förderung der darunter liegenden Steinkohle im Tiefbauverfahren möglich wird – der Aufstieg des Ruhrgebietes zum größten deutschen Steinkohlenrevier.

1832 — Beim Hambacher Fest fordert eine Oppositionsbewegung mit 30 000 Teilnehmern – der größten Massenveranstaltung in Deutschland vor 1848 – nationale Einheit und Demokratie.

1835 — Die erste Eisenbahnstrecke auf dem Gebiet des Deutschen Bundes eröffnet zwischen Nürnberg und Fürth. Besonders im dritten Drittel des 19. Jahrhunderts wird der Eisenbahnbau zur »Lokomotive« der Industrialisierung in Deutschland.

Ein Gespenst geht um

In einem Pariser Exilanten-Café lernen sich ein aus Deutschland vertriebener Philosoph und ein Industriellen-Sohn kennen. Beide eint die Kritik an den Ungerechtigkeiten der ersten Phase der Industrialisierung. Sie entwerfen ein politisches Programm, um dies zu ändern – und begründen so die wirkungsmächtigste Denkschule für die nächsten zwei Jahrhunderte.

Der Pariser Sommer kann auch an diesem August-Tag den jungen Mann mit dem dunklen Rauschebart nicht davon abhalten, sich in die intellektuelle Schwüle dieses Pariser Caféhauses zu begeben. Wie an den Vortagen auch betritt Karl Marx am späten Vormittag den Salon. An den Tischen ist kaum ein Platz frei, es drängen sich Köpfe und Ideen. Der hochgewachsene, junge Deutsche strebt durch das Chaos seinem Tisch entgegen, an dem seine deutschen Denk- und Rauchkumpanen auf ihn warten.

Das Paris dieser Tage, mit Marx sollen sich weitere 80 000 Deutsche hier aufhalten, die der geistigen Enge der preußischen Heimat entflohen sind, ist ein Hort ungeordneter Liberalität. So dauert es nicht lange, bis Marx mit seinen Schriftsteller-Handwerker-Freidenker-Freunden hitzig debattiert. Eine ganze Weile geht das so, bis Marx bei einem Blick zum Eingang stutzt. In der Tür erscheint ein Gesicht, das er nur aus Beschreibungen kennt und doch zuordnen kann. Marx erhebt sich von seinem Tisch, schreitet zur Tür und streckt diesem blässlichen Landsmann mit dem lichten Bartwuchs seine Hand entgegen: »Herr Engels?«, fragt Marx. Der Angesprochene bejaht und nimmt die Einladung an den Tisch an. Die beiden Herren kennen sich nicht, haben aber so viel voneinander gehört, dass sie sofort ausreichend Anknüpfungspunkte für ein Gespräch finden. Karl Marx, der Philosoph aus der deutschen Mosel-Provinz, der in Paris Exil gefunden hat. Und Friedrich Engels, der Unternehmersohn aus Barmen (der späteren östlichen Hälfte Wuppertals), der auf der Rückkehr von einer Reise zu einer Textilfabrik seines Vaters in Manchester in Paris halt macht, weil er dort auf Ideen hofft, das in Manchester Erlebte endlich ändern zu können.

Das Paris am Ende des Jahres 1844 ist eine Oase der Freiheit in einem Europa des Absolutismus. Die radikalsten Ideen des Kontinents geistern hier durch die Cafés, Intellektuellen-Köpfe, Handwerker- und Arbeiter-Bünde. Und hier sind Marx und Engels sehr richtig. Ein preußischer Spitzel, der die Szene des ersten Kennenlernens des Denkers mit dem Unternehmersohn beobachtet hat, notiert wenige Tage später in einer Depesche an seine Regierung im fernen Berlin: »In Paris beginnt sich eine neue Klasse von deutschen Schriftstellern, Handwerkern und Künstlern zu erheben.« Deren Spitze zu erobern, schickten sich zwei behördenbekannte Vertreter der hegelianischen Lehre an: Engels und Marx.

In der Tat braucht es in diesem Spätsommer nur wenige Caféhaustageslängen, bis der »Herr Engels« und der »Doktor Marx« miteinander vertraut sind. Zwei Männer, physisch pendelnd zwischen Pariser Cafétischen und Pariser Zimmern, gedanklich wechselnd zwischen den Zuständen in den Fabriken des um sich greifenden Industrie-Kapitalismus und den politischen Sälen der Hauptstädte.

Marx hat da bereits eine wechselvolle Biographie hinter sich: Geboren am 5. Mai 1818 in Trier, war sein Vater Heinrich ein angesehener Rechtsanwalt, der vom Judentum zum evangelischen Glauben übergetreten war. 1836 wechselte Marx junior aus der Enge der Rhein-Mosel-Provinz nach Berlin, wo damals das Zentrum der Junghegelianer war, die das philosophische Erbe und die dialektische Methode des 1831 verstorbenen, betont preußentreuen Denkers Georg Wilhelm Friedrich Hegel in verschiedene Richtungen weiterentwickelten. Marx verschrieb sich den Linkshegelianern, er wollte Hegel »vom Kopf auf die Füße stellen« und wurde ein scharfer Kritiker der herrschenden Verhältnisse in Deutschland. Er versuchte sich als Schriftsteller und Journalist durchzuschlagen, zunächst mit geringem Erfolg. Er wurde in Köln Redakteur und Redaktionsleiter der angesehenen, freisinnigen *Rheinischen Zeitung für Politik, Handel und Gewerbe*. Die preußische Zensur ging immer schärfer gegen die Zeitung vor. Marx musste 1843 zurücktreten, und die Zeitung wurde verboten. Er selbst flieht nach Paris.

Marx hat also, als er in Paris sesshaft wird, schon länger das Gefühl, dass die Industrialisierung zwar den Adel womöglich entmachtet – aber zugunsten einer neuen bourgeoisen Aristokratie. Für den normalen Arbeiter werde sich nichts ändern, eher im Gegenteil: Er schmiede mit seiner eigenen Hände Arbeit in den Fabriken erst recht die Ketten, mit denen das neue Bürgertum ihn an die Fabriken binde. Es sind Gedanken, resultierend aus akademischer Beobachtung der Welt und frei von jedem Realitätsbezug.

Den bringt Engels mit nach Paris und in Marx' Gedankenwelt. Der Vater des jungen Friedrich ist einer der angesehensten Industriellen des Reichs. Ausgehend vom Familiensitz in Barmen hat er Textilfabriken im Rheinland und in Nordengland errichtet. Er schafft die Realität, gegen die sein Sohn protestiert. Früh kriegt der junge Engels die elenden Zustände in den Fabriken des Vaters mit, während gleichzeitig der Wohlstand der eigenen Familie wächst.

Engels ist es, der Marx die soziale Wirklichkeit nahebringt, die der nicht kannte. »Sozialer Mord«, sei der Kapitalismus, erzählt Engels. »Wer sich von kleinauf zehn, zwölf Stunden in der Fabrik abplagt – wie viele menschliche Fähigkeiten soll der in sein 30. Lebensjahr hinüberretten. Sieht das keiner?« Marx sieht das und ist beeindruckt.

Für das Textilwerk von Engels' Vater in der Nähe von Köln etwa schuften auch Kinder. Jedes vierte überlebt nicht. Diese Leben sind der Preis für den Gewinn der Familie Engels. Marx hält eine Revolution für unausweichlich, die dem Menschen ein Leben ganz nach seinen Wünschen ermöglicht: »Morgens jagen, nachmittags Fischzucht betreiben, wie er Lust hat«, schwärmt er Engels vor, als sie mal wieder in Marx' Pariser Wohnung zusammensitzen. »Einer wie du eben«, antwortet Engels. Sie beschließen, diese Ideen aufzuschreiben, so konkret und bündig, dass es sich als politische Handlungsanleitung lesen lässt.

Brüsseler Bürgerschrecks

Paris ist zwar ein Hort der Freiheit in Europas, aber noch ist auch hier die Autokratie nicht zerschlagen.

Revolutionäres bahnt sich an, immer wieder zurückgedrängt von den autokratischen Beharrungskräften. Und die lassen sich 1845 vom preußischen Hofe überzeugen, das gedankenrevolutionäre deutsche Duo aus der Stadt zu vertreiben. So landen Marx und Engels in Brüssel.

An einem Abend Ende März 1846 kommt dort eine Gruppe Herren zusammen, die sich immer häufiger zusammenfindet. Ein Teil kennt sich aus Paris, ein Teil ist aus dem geistig immer enger werdenden Preußen direkt hierher geflüchtet, darunter hauptsächlich aufsässige Handwerker und Praktiker. Und Marx und Engels. Neben den beiden Paris-Flüchtlingen führt der Magdeburger Schneidergeselle Wilhelm Weitling hier das Wort, anders als Marx und Engels ist er intellektuell gröber gestrickt. Es geht um die Dringlichkeit, mit der man aus dem belgischen Exil Revolutionäres in Deutschland unterstützen solle. Ein Wort gibt das andere, bis Weitling Marx anfährt: »Sie leben doch in akademischer Weltfremdheit.« »Nie«, schleudert Marx zurück, »hat Unwissenheit irgendjemandem genutzt.« Wütend geht die Runde auseinander. Marx und Engels sind sich einig: Zunächst braucht die Bewegung eine gedankliche Grundlage, dann kommt die Revolution. Nie haben Umstürze andersherum funktioniert. Scheiterte die Französische Revolution nicht auch an einer Uneinigkeit der Bewegung?

Marx kann in diesen Momenten unerträglich sein, finden viele seiner Begleiter. Er glaubt, er ist im Besitz des absoluten Wissens. Er gleicht da Hegel. Sie nennen ihn deshalb den »perfektionistischen Diktator« in Brüssel. Vor allem Weitling ist diese Stringenz fremd. Nach dem Eklat im Wirtshaus trennen sich die Wege.

Marx und Engels gründen den Bund der Kommunisten, Ende 1847 schließlich zählt man 500 Mitglieder. Zu der Organisation gehörten der Uhrmachergeselle Maximilien Joseph Moll, Mitglied der »Zentralbehörde« des Bundes, der frühere Burschenschaftler Karl Schapper und der Schneider Friedrich Leßner, zuständig für den Druck des *Kommunistischen Manifestes*. Mitglied war auch der Journalist Wilhelm Liebknecht – später Mitbegründer der SPD.

Es ist Ende Januar 1848, als Marx und Engels sich für zehn Tage zurückziehen. 27 Jahre ist Engels nun, Marx 29 Jahre alt. Doch sie wissen: Es bedarf jetzt eines Durchbruchs, um die Bewegung zu einen, einer Schrift, die dem Traum vom Umsturz eine Grundlage gibt. Und so verschanzen sie sich in Marx' Brüsseler Wohnung, ohne Kontakt nach außen und ohne Unterbrechung. Die jungen Intellektuellen ringen um Formulierungen. Vor allem Marx, Anwaltssohn aus einer Rabbinerfamilie, Jurist und promovierter Philosoph, feilt an jedem Satz, als ginge es darum, der Menschheit neue, ewige Gesetze zu verkünden.

Der Gründungsakt des Kommunismus

Im Februar 1848 schließlich haben sie gute zwei Dutzend Seiten zusammen. Auf die erste schreiben sie: »Manifest der Kommunistischen Partei«. Das Ergebnis ist ein Text von literarischer Kraft, sprachlicher Schärfe und politischer

Wucht. »Ein Gespenst geht um in Europa – das Gespenst des Kommunismus«, beginnen sie ihren Text. Absolute Wahrheiten prägen den weiteren Verlauf: »Die Geschichte aller bisherigen Gesellschaft ist die Geschichte von Klassenkämpfen.« Zugespitzt und in ihrem Sinne analysieren sie die Welt: »Die ganze Gesellschaft spaltet sich mehr und mehr in zwei große feindliche Lager, in zwei große, einander direkt gegenüberstehende Klassen: Bourgeoisie und Proletariat.« So knapp wie möglich definieren sie die Rolle des Staates: »Die moderne Staatsgewalt ist nur ein Ausschuss, der die gemeinschaftlichen Geschäfte der ganzen Bourgeoisklasse verwaltet.«

Es folgt ein Satz, der vereinen soll: »Die Bourgeoisie hat in der Geschichte eine höchst revolutionäre Rolle gespielt. Sie hat die heiligen Schauer der frommen Schwärmerei, der ritterlichen Begeisterung, der spießbürgerlichen Wehmut in dem eiskalten Wasser der egoistischen Berechnung ertränkt.«

Ähnlich kritisch wie das Bürgertum sehen sie die Religion: »Der christliche Sozialismus ist nur das Weihwasser, womit der Pfaffe den Ärger des Aristokraten einsegnet.« Und deswegen, da sind sie unnachgiebig, fordern sie: »Sturz der Bourgeoisieherrschaft, Eroberung der politischen Macht durch das Proletariat.« Auf Deutschland richten die Kommunisten ihre Hauptaufmerksamkeit. Dort solle eine Revolution die Vorstufe zu einer internationalen Revolution sein: »Die Proletarier haben nichts in ihr zu verlieren als ihre Ketten. Sie haben eine Welt zu gewinnen.« Den Text übermitteln sie nach London, wo die Zentralbehörde des Bundes der Kommunisten sitzt. Die ernennt ihn zum Parteiprogramm.

Am Abend des 4. März ist Marx mit seiner Familie in der Brüsseler Wohnung, als es an die Tür bollert. Revolutionen gehen mittlerweile um in Europa, auch in Belgien. Die Staatsmacht ist nervös – und steht nun vor der Tür. Belgische Militärpolizisten stürmen ein Arbeitszimmer: »Darf ich Sie bitten, mich auf die Präfektur zu begleiten?«, fragt der wallonische Gendarm Marx. »Die Preußen haben Sie geschickt?«, ahnt Marx und wird vor seinem schreienden Sohn abgeführt. Unter dem Vorwand ungültiger Papiere wird Marx festgehalten. Im Verhörzimmer schält sich der wahre Grund der Anklage heraus. »Sie haben 6 000 Mark vom Vater geerbt. Sie haben damit die Waffen der Aufrührer bezahlt!«, klagt der Polizist. Der Verdacht: Rädelsführer der Revolution gegen die Monarchie. »Ich bin kein Putschist, ich bin Philosoph. Die Revolution kommt auch ohne mein Geld. Das ist wie ein Naturgesetz«, entgegnet Marx. »Meinen Sie das hier?«, fragt der Beamte. Und wirft das *Kommunistische Manifest* auf den Tisch, das in diesen Tagen frisch gedruckt worden ist.

Was daraus wurde

Das *Manifest der Kommunistischen Partei, auch Das Kommunistische Manifest* genannt, wurde von Karl Marx und Friedrich Engels am 21. Februar 1848 in einem Londoner Verlag veröffentlicht. Kurz darauf brachen die Februarrevolution in Frankreich und die Märzrevolution im Deutschen Bund sowie weitere Revolten in den größten Staaten dieses Bundes, Österreich und Preußen, aus. Marx musste daraufhin nach London ins Exil fliehen, wo er seine zweite Lebenshälfte verbrachte. Das *Manifest der Kommunistischen Partei* wurde in mehr als 100 Sprachen übersetzt. Im Juni 2013 wurde es in das UNESCO-Dokumentenerbe aufgenommen.

Karl Marx gilt als einflussreichster Theoretiker des Kommunismus. In der modernen Volkswirtschaftslehre wird er den Nationalökonomen zugeordnet. Allerdings geriet er dort lange in Vergessenheit gegenüber zeitweise populäreren Vertretern wie Adam Smith, David Ricardo oder John Stuart Mill. Erst im Zuge der wissenschaftlichen Aufarbeitung der großen Finanzkrise seit 2008 erlangte Marx in der ökonomischen Lehre und Forschung wieder breiteren Raum. Seine Modelle werden heute als Ausgangspunkt für Kritik an den lange Zeit dominierenden volkswirtschaftlichen Theoremen der großen Liberalen und Libertären, wie Friedrich August Hayek oder Milton Friedman, herangezogen.

Lesetipps

Heinz Bude / Ralf M. Damitz / André Koch (Hg.), *Marx. Ein toter Hund? Gesellschaftstheorie reloaded*, Hamburg 2010.

Gregor Gysi / Harry Rowohlt / Anna Thalbach / Brüder Akstinat, *Marx & Engels intim*, Köln 2009.

Marx-Engels-Werke (MEW), Berlin (DDR) 1956–1990.

Michael Quante / David P. Schweikard (Hg.), *Marx-Handbuch. Leben – Werk – Wirkung*, Stuttgart 2015.

1851

Alfred Krupp
Startschuss für
die industrielle Aufholjagd

1848   Nach dem Wegfall der Zensurpolitik schnellt in Österreich die Zahl der Zeitungen von 79 auf 388 in die Höhe.

1848   Nach der Märzrevolution konstituiert sich die Verfassunggebende Nationalversammlung in der Frankfurter Paulskirche.

1849   Nach der von dem preußischen König Friedrich Wilhelm IV. abgelehnten Wahl zum Kaiser werden die preußischen und österreichischen Abgeordneten aus der Nationalversammlung zurückgezogen, die sich daraufhin auflöst.

1851   Das preußische »Gesetz über die Verhältnisse der Miteigentümer eines Bergwerkes« führt die »Bergbaufreiheit« ein und schafft das kaufmännisch-technische Direktionsrecht der staatlichen Bergverwaltungen ab.

»Großpapas Gruß«

Ein unbekannter Stahlgießer aus der Provinz präsentiert 1851 auf der Weltausstellung in London eine Sensation, die zum Symbol des industriellen Aufstiegs von Deutschland wird: die Geschichte einer perfekten Selbstinszenierung.

Bis ins kleinste Detail muss alles stimmen, sonst geht der Plan nicht auf. Dann wäre er, der Nobody aus Essen, ganz umsonst nach London gereist, zur »Great Exhibition«, der ersten Weltausstellung der Menschheitsgeschichte. Ein letztes Mal poliert er an diesem Donnerstag, dem 8. Mai 1851, die glänzende schwarze Gussstahlkanone, die er mitgebracht hat. Der Kleinunternehmer – groß gewachsen, schlaksig, hohe Stirn – zupft noch einmal die orange-gelbe Seidenschärpe zurecht, die den Brustpanzer aus Stahl gleich neben der Kanone schmückt. Alles steht ganz schön und schmuck da, unter dem preußischen Kriegszelt. Damit der Werbecoup glückt, müssen die kleinsten Rädchen ineinandergreifen. Das Vorhaben: der pure Größenwahn. Er, der unbekannte Stahlgießer aus der preußischen Provinz, will die scheinbar übermächtigen Industriekonzerne Englands in seinen Schatten stellen.

Die Welt soll ihn bewundern, seinen Namen buchstabieren lernen: Alfred Krupp. Jahrzehntelang hat er auf diesen Moment hingearbeitet, mit Jahren der Verluste, der Rückschläge, der Demütigung. Jetzt ist die Zeit gekommen, den Krupp'schen Dreiklang zu vollenden: »Anfangen im Kleinen, Ausharren in Schwierigkeiten, Streben zum Großen«. Heute ist Krupp bereit für den Kampf, bereit, alles aufzubieten. »Die Engländer sollen Augen machen.« Mit seinen Stahlwalzen, Münzstempeln, Federn und Achsen wird er auf dieser Ausstellung keinen Eindruck schinden, das weiß er. Zu stark sind die Engländer auf diesen Gebieten, weshalb er seine Mannen in Essen seit Monaten heimlich an einer Attraktion werkeln lässt. In drei Wochen wird sie ankommen. Es ist ein Exponat, das ihn weltberühmt machen soll.

Das »Monsterpiece«

Doch die erste Stufe der Inszenierung beginnt schon heute, eine regelrechte Provokation. In modischen Galoschen mit Silbersporen stolziert der 39-jährige vollbärtige Junggeselle durch den neu gebauten Glaspalast, in dem die Weltausstellung untergebracht ist, genüsslich an der lang geschwungenen Pfeife ziehend. Er passiert sprudelnde Wasserfontänen, den gewaltigen königlichen Baldachin, der von meterhohen Bäumen und Palmen gesäumt ist. Krupp hält sich nicht an dem aufwendig verzierten Elfenbeinthron indischer Handwerker auf, keine Sekunde bestaunt er die Glasbläser, die mit orange-glühendem Material ihr Können demonstrieren. Zielstrebig steuert Krupp auf den Stand eines Rivalen, der Firma Turton & Söhne aus Sheffield, zu.

Eine Menschentraube umringt einen Gussstahlblock, der mehr als eine Tonne Gewicht auf die Waage bringt und allenthalben bewundert wird. So einen großen Guss hat die Welt noch nicht gesehen. Der Block ist mehr als ein Exponat, er ist eine Ansage an die Konkurrenz. Er dominiert wie ein monströser Beweis für die Überlegenheit der englischen Stahlindustrie die Messe. Wer den besten Stahl haben will, kauft ihn in England, lautet die Botschaft.

Auch Alfred Krupp umkreist die Stahlsäule, die der britische Hersteller stolz als »Monsterpiece« preist. Doch Krupp ist nicht gekommen, um auf die Knie zu fallen. Im Gegenteil: »So Stückchen machen wir alle Tage«, tönt er in geschliffenem Englisch. »Ich schicke euch den Großpapa!« Angst verbreitet der Essener Stahlgießer mit der Drohung, einen noch größeren Stahlblock als diesen zu liefern, wahrlich nicht. Hämisch lachen die Engländer über den Eindringling. Höchstens leise fragen sie sich, was der Deutsche vorhat.

Denn was die Engländer nicht wissen: Hinter den Kulissen hat Krupp auf diesen Moment hingearbeitet. Während eines Aufenthaltes in Birmingham hatte er Monate zuvor in einer britischen Zeitung von dem Plan der Firma Turton gelesen, bei der Weltausstellung ein Stück Gussstahl von mehr als einer Tonne Gewicht zu präsentieren. Ein Wettlauf beginnt. Aufgeregt sucht Krupp den nächsten Schreibtisch und setzt eines seiner täglichen Schreiben auf. »Meine geliebte Gussstahlfabrik«, beginnt er und berichtet von den Plänen der Briten. »Es ist umso mehr nötig, dass wir den Guss von 98 Tiegeln hierherschicken, und wenn wir auf die Form noch einen Auffass machen müssen.« Selbst dem letzten der Krupp'schen Mitarbeiter ist jetzt klar: Der Chef meint es ernst.

Den ganzen Winter über bauen Arbeiter in Essen die Produktionsstätten aus, zwei neue Fabrikhallen werden in Betrieb genommen. Für den Wettstreit mit den Briten riskiert Krupp gar den Bruch mit seinem Geschäftspartner Sölling. Für den ist das Projekt nicht mehr als eine Spinnerei, eine finanziell riskante obendrein. Durch den aufwendigen Großguss bestehe die Gefahr, dass sich vorliegende Aufträge verzögerten, warnt Sölling; er stößt aber auf taube Ohren. »Wer arbeitet, macht Fehler. Wer viel arbeitet, macht mehr Fehler. Nur wer die Hände in den Schoß legt, macht gar keine Fehler«, kommentiert Krupp knapp.

Training für die Sensation

Seit Februar 1851 gibt es Probeläufe, bei denen jeder Handgriff auf Kommando trainiert wird. Es kommt auf präzise Abläufe, auf Perfektion an. Denn für den Gussstahlblock, wie er Krupp vorschwebt, müssen Dutzende mit Stahl gefüllte Gefäße, die Tiegel, gleichzeitig zusammengegossen werden: eine handwerkliche Meisterleistung. Am 3. April, so melden es die Meister, ist ein erster Guss aus 31 Tiegeln gelungen, 688 Kilogramm schwer. Es folgen erfolgreiche Versuche mit 40 und 60 Tiegeln. Auch der entscheidende Guss von 84 Tiegeln fällt ausgezeichnet aus, glatt und schön. Voller Euphorie belohnt Krupp seinen Techniker Adalbert Ascherfeld für dessen Leistung mit stolzen 450 Talern – nur Geschäftspartner Sölling solle bitteschön davon nichts erfahren. Die Sensation liegt in der Luft.

Wer hätte solch einen Triumph für möglich gehalten? Ein Vierteljahrhundert hatte das Unternehmen vor allem eines eingebracht: Verluste. Nur am Anfang sah alles noch gut aus. Alfred erblickte im April 1812 das Krupp'sche Licht der Welt, in einem standesgemäßen Haus am Essener Flachsmarkt. Die ursprünglich aus den Niederlanden stammende Kaufmannsfamilie Krupp hatte es mit dem Handel von Gewürzen, Wein, Eisen und Vieh über zwei Jahrhunderte zu Wohlstand gebracht. Alfreds Vater Friedrich Krupp hatte gerade die »Firma Friedrich Krupp zur Verfertigung des Englischen Gussstahls und aller daraus resultierenden Fabrikationen« gegründet.

Doch der Anfangseuphorie folgte Ernüchterung. Der kleine Alfred musste mit ansehen, wie Vater Friedrich zunehmend verzagte, versagte, verzweifelte. Großmaschinen wollte Friedrich liefern, das Material ließ sich jedoch nur zu Besteck verarbeiten. Die Einnahmen reichten nicht aus. Das Haus am Flachsmarkt musste die Familie an die Gläubiger abtreten, die Krupps zogen 1824 in das kleine Fachwerkhaus nahe der Firma, das eigentlich für Bedienstete gedacht war. Welch ein Abstieg, welch eine Schmach.

Friedrich Krupp wurde kurz darauf schwer krank. Keuchend, um jeden Zug Sauerstoff ringend, lag er da, gebrochen. Der Atem rasselte, die Lunge füllte sich mit Blutflüssigkeit. Am 8. Oktober 1826 fehlte ihm die Luft zum Leben. Sohn Alfred musste mit 14 Jahren die kriselnden Geschäfte des verstorbenen Vaters übernehmen. Hätte nicht die wohlhabende Familie immer wieder ausgeholfen, die Gussstahlfabrik wäre wie deren Gründer zugrunde gegangen.

Unter Alfreds Ägide entwickelten sich ab 1830 die Geschäfte mit Münzprägemaschinen nicht schlecht. Eine Lizenz zum Gelddrucken waren aber auch sie nicht. Selbst die in Wien und Paris zunehmend gefragten Walzen für Bestecke warfen lange Zeit keine Gewinne ab. Denn Krupps große Industriemaschinen, die Walzen und Eisenbahnräder, machten Ärger. Die *Cashcows* wollten sich einfach nicht melken lassen, da Krupp nicht an die Qualität der britischen Produkte herankam. Zu oft musste er Teile austauschen, die in der Garantiezeit brachen. Das wollte, das musste er ändern, denn es ging ums geschäftliche Überleben.

Inkognito bei der Konkurrenz

Die England-Reise von 1838 war deshalb gut geplant. Er lernte Englisch, der Mann, der in Essen oft in Arbeiterkluft zu sehen war, legte sich elegante Kleidung zu – ganz der britische Gentleman. Krupp, mit erstem Vornamen auf »Alfried« getauft, nannte sich fortan nur noch »Alfred«, das kam im Englischen besser an. Wenn er nicht die Kontakte eines Freundes in England nutzte, um bei britischen Wirtschaftslenkern vorstellig zu werden, schuftete Krupp als einfacher Arbeiter in englischen Fabriken, gewissermaßen *undercover*. Was machten die Engländer nur besser? Krupp betrachtete in den Höfen Berge gebrochener Walzen, er beobachtete die Produktion, die Abläufe, sammelte wertvolles Wissen.

Für Krupp ist es dreizehn Jahre später eine triumphale Rückkehr nach England. In der »berg- und hüttenmännischen« Abteilung der Weltausstellung, in einem Seitenarm des Kristallpalasts, präsentiert Krupp den Großpapa-Gruß: einen achteckigen grauen Gussstahlblock, über zwei Meter hoch, fast zwei Tonnen schwer. Eine Weltsensation. Nun ist es Krupps Tiegelstahl, um den sich die Adeligen und Offiziere drängeln, vor dem Techniker andächtig stehen bleiben und mit der Lupe die reine Oberfläche studieren. »Selbst die Königin von England und Don Miguel von Portugal ergötzen sich an der Krämerbude«, vermeldet Krupp vergnügt seiner Belegschaft in Essen. Krupp ist endlich angekommen in der *First Class* der Industriellen. Englische Fabrikanten laden ihn auf ihre Landhäuser ein. Über Freunde erfährt er, dass selbst seine Gastgeber ihm eine der begehrten Auszeichnungen der Weltausstellung zuerkennen wollen.

Ein merkwürdiger Denkstein

Mit Stolz registriert Krupp, dass sein tonnenschwerer Gussstahlblock zum Symbol für Deutschlands industriellen Aufstieg wird. Nicht ohne patriotischen Unterton berichtet an diesen Tagen des Triumphs die *Augsburger Allgemeine Zeitung*: »Alle Techniker sind darüber einig, dass der Krupp'sche Gussstahl jetzt der erste der Welt ist.« Und der deutsche Fabrikant Friedrich Harkort, der den Block in London besichtigt, sagt voller Ergriffenheit: »Das kann kein Engländer nachmachen. Dieses Ding da wird einer der merkwürdigsten Denksteine in der Geschichte der industriellen Entwicklung Deutschlands werden.«

Für viele Briten ist der Block vor allem eines: hässlich und protzig. Eben typisch deutsch. Umso größer ist ihre Überraschung, als Krupp am Ende der Ausstellung im Oktober eine der begehrten Medaillen erhält. Von den 17 000 Ausstellern werden lediglich 170 mit dem ersten Preis geehrt. Nur dreizehn der bronzenen *Council Medals* gehen an die Staaten und Firmen des Deutschen Zollvereins, unter ihnen: Krupp.

Die Medaille krönt Krupps Werbecoup. Nun ist es offiziell, durch eine unabhängige Jury aus dem Mutterland der industriellen Revolution attestiert und für die ganze Welt sichtbar: Der Krupp'sche Stahl ist preiswürdig. Und der Stratege aus Essen weiß das zu nutzen. Die Ausstellungsmedaille lässt er auf jeder Rechnung, auf jedem Brief abdrucken. Zahlreiche Kontakte zu Fabrikanten knüpft er, Geschäfte fädelt er ein. Plötzlich ist auch das Interesse an den anderen Krupp-Erzeugnissen groß.

Neben dem Gussstahlblock ist nun auch die in London präsentierte Kanone, die wegen ihrer Schönheit selbst vom englischen *Observer* gefeiert wird, plötzlich gefragt. Beides, Kanone und Gussstahl, militärische Waffen und zivile Güter, bilden fortan das Fundament, auf dem die Krupp'sche Firma zu einem der weltweit größten Industriekonzerne heranwächst. Der großväterliche Gruß der Weltausstellung von 1851, er hallt bis heute nach.

Was daraus wurde

Krupps Coup auf der Weltausstellung 1851 war der Startschuss für eine Aufholjagd der bis dahin rückständigen deutschen Staaten. Deren Stahlindustrie mauserte sich im 19. Jahrhundert dank zahlreicher Innovationen (etwa dem

Hochofenverfahren und neuen Stahlsorten) zum Motor der deutschen Industrialisierung.

Ergebnis jahrelanger Entwicklungsarbeit bei Krupp war ein Stahl, der hart, aber auch biegsam war, was die Erzeugnisse auch für die Waffenindustrie interessant machte. Während des Zweiten Weltkriegs galt Krupp als »Waffenschmiede« der Nationalsozialisten. Das Ende dieses düsteren Kapitels war nach der Befreiung durch die Alliierten 1948 die dreijährige Haftstrafe für den Firmenlenker.

In den 1980er Jahren wurden erstmals Verhandlungen über einen Zusammenschluss der Krupp Stahl AG und der Thyssen Stahl AG aufgenommen. Am 17. März 1999 wurde die Thyssen Krupp AG schließlich in das Handelsregister eingetragen.

Heute werden rund 43 Millionen Tonnen Rohstahl in Deutschland jährlich produziert. Damit ist die hiesige Stahlwirtschaft die siebtgrößte der Welt.

Lesetipp

Harold James, *Krupp: Deutsche Legende und globales Unternehmen*, München 2011.

1868

Carl Isambert
Geburtsstunde der Technischen
Überwachungsvereine

1854   239 000 Menschen wandern – vor allem aus wirtschaftlicher Not – aus Deutschland aus, zu über 90 Prozent in die USA. In den 1860er Jahren folgen ihnen rund 1,1 Millionen Menschen – die größte Auswanderungswelle der deutschen Geschichte.

1862   Otto von Bismarck wird zum preußischen Ministerpräsidenten ernannt und regiert fortan jahrelang gegen die Verfassung und den preußischen Landtag.

1863   Ferdinand Lassalle gründet den Allgemeinen Deutschen Arbeiterverein, die erste sozialistische Partei in Deutschland und eine der Vorgängerorganisationen der deutschen Sozialdemokratie.

1864/65   An den 24 Universitäten des späteren Deutschen Reiches, an denen 725 Professoren lehren, studieren 13 500 (ausschließlich männliche) Studenten.

Unter Dampf

Nichts Geringeres als das Sterben zu beenden, ist Carl Isamberts Auftrag. Mit 29 Jahren wird er der erste Prüfer eines Technischen Überwachungsvereins (TÜVs) und bringt die Dampfkessel unter Kontrolle. Der Lordsiegelbewahrer deutscher Ingenieurskunst begründet den Traum der Deutschen von Sicherheit.

Schwarzwald im Oktober, es ist das Jahr 1868. Die richtige Adresse muss Carl Isambert nicht lange suchen. Wie zum Gruße zischt ein schrilles Pfeifen durch die Morgenluft. Ungestört von Kesselwart, Hilfsarbeiter oder Heizer warnt die Alarmpfeife in der Fabrik. Bedrohlich zischt es dort im riesigen eisernen Dampfkessel. Wo andere Reißaus nähmen, beginnt für Isambert erst die Arbeit. Der Ingenieur, 29 Jahre alt, soll endlich für die Sicherheit der explosiven Dampfkessel in Baden sorgen. Isambert ist der erste Sachverständige eines Technischen Überwachungsvereins in Deutschland. Und er bringt viel Fleiß und Liebe mit. Selbst, wenn es zuweilen in den Ohren pfeift wie in einem Teekessel.

Dass es überhaupt einen Prüfer wie ihn gibt, liegt an den explodierten Kesseln, den zerstörten Häusern und verbrühten Menschen. Überall auf dem Gebiet des Deutschen Bundes ereignen sich die Tragödien. Die Dampfkessel hatten nicht nur Wohlstand und Arbeit gebracht, sie waren auch der Grund für verheerende Unglücke mit Hunderten Toten.

Die Katastrophe von Mannheim

Drei Jahre vor Isamberts Dienstantritt, an einem Samstag im Januar 1865, spielte sich die Tragödie ab, die alles verändern sollte. Mannheim, der Große Mayerhof: ein prächtiges Kunstwerk der industriellen Revolution, ausgestattet mit zwei riesigen Dampfkesseln, die Energie für die Bierbrauerei lieferten. Unbemerkt von den Brauern hatte sich ein verhängnisvoller Riss durch die Hülle des Kessels gezogen. Ein dumpfer Knall ließ die Bewohner hochschrecken, durch die Druckwelle barsten Türen, Fenster zersprangen in tausend Scherben. Ein Arbeiter war sofort tot, mehrere wurden verletzt von dannen getragen.

Die Mannheimer Brauerei-Explosion war die Geburtsstunde der Technischen Überwachungsvereine (TÜVs) in Deutschland. Die Unfälle sollten endlich ein Ende haben. Am 6. Januar 1866, knapp ein Jahr nach dem Unfall im Mayerhof, trafen sich schließlich 21 Besitzer von insgesamt 37 Dampfkesseln – Industriebarone, Dampfkutscher, Brauer – und gründeten, ganz nach englischem Vorbild, die »Gesellschaft zur Überwachung und Versicherung von Dampfkesseln mit Sitz in Mannheim«, die ab sofort im Auftrag der Industrie die Kessel kontrollieren sollte. Unter den Gründern befanden sich ehrenwerte Leute: Direktor Lang, Chef des Gaswerkes Karlsruhe, zückte den Füller, Herr Lippert von der Heidelberger Ultramarinfabrik war ein bekennender Befürworter, und auch der Pforzheimer Maschinenfabrikant Carl Kaufmann war mit von der Partie.

Auch die Regierung des Großherzogtums Baden, namentlich Geheimrat Diez vom Handelsministerium, unterstützte das Unterfangen. Mit so etwas Unheimlichem wie der zischenden und dampfenden Technik wollten die meisten am Hofe nicht viel zu tun haben. Weitaus wohler fühlte man sich in der Welt der Geisteswissenschaften. Da kam es ganz gelegen, dass sich die Wirtschaft nun selbst anschickte, diesem unschönen Menschensterben ein Ende zu bereiten.

Für die Aufgabe engagierten die Unternehmer einen selbstbewussten Newcomer. Carl Isambert, mit 29 zwar noch recht jung an Jahren, hatte es dennoch auf beachtliche Berufserfahrung gebracht. Der im saarländischen Mariahütte aufgewachsene Sohn eines Eisenhütten-Direktors studierte drei Jahre lang am Polytechnikum Karlsruhe, bevor er beim Bergwergs- und Hüttenverein Hörde bei Dortmund anheuerte. Der Ingenieur arbeitete im Walzwerk und im Ingenieurbüro.

Lebensgefährliche Sorglosigkeit

Jetzt also die Dampfkessel. Selbstsicher steuert Isambert auf die Signalpfeife zu. Den hellen, grellen Pfiff nimmt er nicht persönlich. Welch freundliches Willkommen! Weitaus weniger herzlich fällt kurz darauf die Begrüßung durch den Kesselwart aus. Rußverschmiert tritt er Isambert entgegen. Er hat einen harten und schmutzigen Job. Mit Schaufel und Schüreisen sorgt er nicht nur dafür, dass das Feuer beschickt wird. Abhängig vom Dampfdruck und Verbrauch in den monströsen Eisenkesseln muss er ein feines Händchen für die Brennstoffzufuhr haben. Speisewasser muss in der richtigen Menge hinein in den Kessel, Asche und Schlacke wieder heraus. Und dann noch diese Wartungs- und Reinigungsarbeiten und Reparaturen (Dichtungen, Armaturen, Kesselstein): Nein, der Kesselwart hat schon genug um die Ohren. Da lässt er sich nur ungern in den Kessel glotzen. Die pfeifenden Warnungen gekonnt ignorierend, wirft er trotzig die Speisepumpe an.

Isambert atmet tief durch. Man muss ihm die Wahrheit nur schonend beibringen, dann wird es selbst dieser Dilettant verstehen. Der Prüfer startet mit der äußeren Revision der Anlage. Die Garnituren stehen auf dem Prüfstand, wenngleich es gar nicht so viel zu prüfen gibt. Der Kessel verfügt weder über Wasserstandshähne noch über Wasserstandsglas.

Es ist ein gefährliches Unterfangen, denn in den Kesseln muss der Wasserstand stets mindestens auf einer bestimmten Höhe sein. Immerhin kühlt das Nass alle Blechteile, die im Feuer stehen. Eigens sind vom Hersteller unverrückbare Markierungen angebracht. Der Wasserstand ist genau in den Genehmigungsakten festgeschrieben.

Hängt er an seinem Leben, muss der Kesselwart stets genügend Wasser nachspeisen. Denn durch das Verdampfen sinkt der Wasserstand. Ist er zu niedrig, glühen die im Feuer stehenden Blechteile. Speist der Wart dann in Panik Wasser nach, verdampft dieses heftig auf dem überhitzten Metall. Eine solche Wucht können selbst Sicherheitsventile kaum mehr abfangen. Es droht eine Explosion, und die Zeitungsschreiber könnten schon bald die nächste Katastrophe vermelden.

Mehr Glück als Verstand

Apropos Sicherheitsventile: Die sind, bilanziert Isambert, mit Rostbalken ohnehin so belegt, dass sie erst bei 18 bis 20 Atmosphären abblasen können. Der Manometer, das Instrument zur Druckanzeige, weist indes eine erstaunliche Konstanz auf. Gleichgültig, was im Inneren des Kessels passiert, das Gerät zeigt 35 Bar an. Vielleicht liegt es daran, dass die Reparatur der Anlage durch den hiesigen Schlosser nicht so ganz geglückt ist? Der Kesselwart zumindest, der Isambert kritisch über die Schulter lugt, deutet so etwas an. Wie der Wart ohne das Gerät auskommen konnte, ist Isambert dennoch ein Rätsel.

Ohne den Manometer hat der Kesselwärter keine Information über den Kesseldruck. Sinkt dieser über Gebühr, gibt es Betriebsschwierigkeiten. Übersteigt er den zulässigen Druck, sollen die Sicherheitsventile ihn regulieren. Doch sind die Ventile, so wie hier, nicht in ordnungsgemäßem Zustand, kann der Kessel infolge zu großer mechanischer Beanspruchung explodieren.

Mit anderen Worten: Der Kesselwart hat mehr Glück als Verstand. Der Wart seinerseits hatte zumindest eine Maßnahme gegen den ganzen Verdruss der Anlage geplant. Es geht um diese nervige Signalpfeife. Die, das versichert er mit gereiztem Tone, wollte er schon längst abgeschraubt haben! Die pfeift nämlich auch regelmäßig dann, wenn überhaupt kein Wasser mehr im Kessel ist – sehr zum Ärger des Chefs.

Isambert, ein stabiler junger Mann mit rundlichem Gesicht, stöhnt. Kein Wunder, dass die Kessel den Warten allenthalben um die Ohren fliegen! Und zu seinem großen Ärger mischt auch noch eine Frau ständig mit. Isambert ist da ganz auf der Linie der gesetzlichen Vorschriften: Frauen haben an gefährlichen Maschinen nichts zu suchen. Und diese Frauensperson hier ist gänzlich unangenehm, sie scheint hier wohl den Part der Intellektuellen zu spielen. Nur ein Irrsinniger kann so etwas zulassen. Diesen Teil wird er der vorgesetzten Behörde melden müssen.

Isambert ist fassungslos. Der Kesselwart weiß weder, was in der Anlage vorgeht, noch welche gewaltigen Gefahren entstehen können. Die allersorgfältigsten Revisionen und tollsten Anlagen sind nichts wert, wenn solche Nichtwisser am Werk sind. Doch wer will es ihnen verdenken? Es ist eine sehr üble Art des Sparens, wenn man Leute mit zu geringem Tagelohn als Kesselwärter anstellt. Seine Anweisungen und Erklärungen, das spürt Isambert rasch, wird er in schonender Weise kommunizieren müssen.

Nach dem Kesselwart ist der Heizer an der Reihe. Wie viele Kesselbesitzer meinen, sie sparten einen schönen Gulden, wenn sie dem Heizer so wenig Tagelohn wie möglich zahlten?

Doch das ist zu kurz gerechnet. Denn ein guter Mann an dem Heizbalken ist bei den Kohlepreisen Gold wert. Statt Geld zum Schornstein hinauszublasen, sorgt er dafür, dass Brennstoff komplett abbrennt und nicht durch den Rost fällt. Isambert gibt dem Heizer wertvolle Tipps an die Hand, wie sich der Kessel in Fahrt bringen lässt, ohne dass unnötig Kohlen verfeuert werden.

In ein paar Wochen wird er wiederkommen, wenn die Anlage stillsteht, zur inneren Revision. Mühsam wird er in den stockfinsteren Kessel kriechen. Ein schweißtreibender Job, der immer wieder ans Licht bringt, was die Kesselputzer übersehen. Eine zentimeterdicke Kesselsteinkruste, genährt aus Calcit und Dolomit, bildet sich in den meisten Fällen. Die dicken Krusten unterbinden die Wärmeübertragung. Das Kesselmaterial wird örtlich überhitzt, es dehnt sich unterschiedlich aus. Temperaturspannungen treten auf, und Risse bilden sich, infolge mangelhaften Materials.

Wo wir wieder beim alten Problem wären: dem Geiz manchen badischen Unternehmers. Oftmals stehen die Anlagen nur so kurz still, dass eine wirkliche Reinigung unmöglich ist. Wohl dem, der einen Ersatzkessel im Einsatz hat!

Vorbild für die Nation

Nach ein paar Wochen im Amt tritt Isambert schließlich vor seine Finanziers, die Unternehmer. 94 Dampfkessel habe er geprüft, berichtet Isambert, und listet die entdeckten Fehler nicht ohne Stolz auf. Neben der Alarmpfeife hat er angefeuerte Kessel gesehen, in denen gar kein Wasser mehr war. Ein Besitzer hatte doch glatt die Nerven, einen nur drei Millimeter dicken Kupferkessel ins Feuer zu stellen.

»Einzelne Kesselbesitzer erwarteten mich sogar mit Ungeduld wie ein Kranker sich nach dem Arzte sehnt und erbaten sich meine Absichten über Dies und Jenes«, führt Isambert aus. Die meisten Leute ließen sich gerne belehren. »Das Vorurteil, dass die Industriellen eine gewisse Bevormundung in der Revision finden möchten, ist vollständig beseitigt.« Isambert ist sich sicher, die freiwillige Überwachung werde eine große Ausdehnung erleben: »Es wird an anderen Orten Deutschlands Vereine nach dem Vorbilde des unsrigen entstehen, was den Gründern der Mannheimer Gesellschaft zu Ehre gereichen wird.«

Was daraus wurde

Das Wissen des Pioniers Isambert war seit den 1870er Jahren auf nationalen und internationalen Treffen von Dampfkesselprüfern gefragt. Und auch die Politik feierte den Techniker: 1877 erhielt Isambert das badische Ritterkreuz II. Klasse, acht Jahre später sogar das der I. Klasse.

Die Aufgaben der Technischen Überwachungsvereine wuchsen fortan. Um 1903 stellen die Überwacher erste Führerscheine aus, 1926 vergibt der TÜV Süd die erste amtliche Autoplakette, 1957 schult der TÜV Prüfer für die Kernenergie. So entstehen drei große TÜV, die den Markt beherrschen: Nord, Süd und Rheinland; hinzu kommen die kleineren in Hessen, Thüringen und im Saarland.

Organisiert sind sie alle gleich: als eingetragene Vereine, deren Statuten besagen, keine Gewinne erzielen zu wollen. Dafür unterhalten sie Holdings oder Unternehmensgruppen. Heute zählen die deutschen TÜVs zu den größten Prüfkonzernen der Welt.

Lesetipp

Günter Wiesenack, *Wesen und Geschichte der technischen Über-*
wachungsvereine, Bonn 1971.

1875

Carl, Werner und Wilhelm Siemens
Pioniere der Globalisierung

1871 Nach drei siegreichen Kriegen gegen Dänemark, Österreich-Ungarn und Frankreich wird das Deutsche Kaiserreich unter Führung Preußens und unter Ausschluss Österreich-Ungarns gegründet (»kleindeutsche Lösung«); zum Kaiser wird der preußische König Wilhelm I. gekrönt.

1872/73 Mit der Veröffentlichung des Strafgesetzbuches sowie der Verabschiedung von Maß-, Gewichts- und Münzgesetzen wird die innere Einheit des neuen Nationalstaats ausgebaut.

1873 Das durch die französischen Reparationszahlungen stimulierte »Gründungsfieber« in Deutschland endet mit einem Absturz der Börsenkurse. Eine erste Wirtschaftskrise folgt bis 1878.

1875 Die nationale Währungspolitik wird mit der Gründung der Reichsbank vertieft.

Nerven wie Kupferkabel

Auf einer lebensgefährlichen Expedition verlegt Carl Siemens ein Telegrafen-Kabel durch den Atlantischen Ozean. Gemeinsam mit seinen Brüdern wird er zum Weltvernetzer. Eine Geschichte vom Mut deutscher Globalisierungspioniere.

Der gewaltige Wintersturm bricht von Nord-Ost herein. Einige Seemeilen vor der kanadischen Küste türmt sich der atlantische Ozean meterhoch auf. Es ist der 9. November 1874, eine eiskalte Nacht. Als spielten die Wellen mit ihm Ping-Pong, werfen sie das 110 Meter lange Schiff hin und her. An Bord der »Faraday« kämpfen sich Carl Siemens und seine Crew durch den Sturm. Sie sind hier, um ein Telegrafenkabel auf den Meeresgrund zu legen.

An Bord ist es stockfinster. Elektrisches Licht gibt es nicht. Für die Seeleute ist es eine lebensgefährliche Situation, doch Siemens hat nur eines im Sinn: das kostbare Untersee-Kabel zu retten. Um es nicht zu verlieren, lässt der Expeditionsleiter das Ende an einer meterhohen Boje befestigen. Als die Männer sie zu Wasser lassen, geschieht die Katastrophe. Die Kette verfängt sich in der Schiffsschraube, und die »Faraday« lässt sich nicht mehr steuern. Zwei Tage später tuckert der beschädigte Kabeldampfer mit halber Kraft in den Hafen von Harbor Grace, Neufundland. Carl ist in dem kleinen Fischerörtchen mit der steinernen Kapelle und den Holzhütten gestrandet.

Doch der gestandene Unternehmer, 45 Jahre alt, hat schon schlimmere Rückschläge kassiert, vor allem in Russland. Carl bleibt cool. Er ist beharrlich, besonnen, zurückgezogen. Mehr noch als das verlorene Kabel treibt ihn die Frage um: Was werden seine großen Brüder jetzt denken? Zeit seines Lebens steht er in ihrem Schatten. Da ist Werner Siemens, sein 13 Jahre älterer Bruder und Vaterersatz. Nach dem Tod der Eltern hat der Älteste die elf Geschwister auf dem Mecklenburger Bauernhof so gut es ging umsorgt. Dennoch blieb ihm Kraft für geniale Erfindungen, die aus der Hinterhof-Firma Siemens & Halske eine bekannte Unternehmung machten. Und da ist Wilhelm (»William«), fünf Jahre älter als Carl, der »Sir«, der Wissenschaftler und Ingenieur, der in England einen Ruf wie Donnerhall genießt. Zum Ehrendoktor haben sie ihn in Oxford gemacht.

Eine Verbindung zwischen Europa und Amerika

Gemeinsam verfolgen die Siemens-Brüder einen Plan, mit dem sie ihren Ruf, die Ehre und ein beträchtliches Vermögen aufs Spiel setzen – eine riskante Wette. Das Trio will Europa und Amerika mit einem Telegrafenkabel verbinden, und Carl, der Jüngste, soll die Mission in die Tat umsetzen. Carl ist gleich elektrisiert, als ihm Werner drei Jahre zuvor erstmals von dem Unterfangen erzählt. Die Chance auf das ganz große Ding: Amerika, der dynamischste Ort der Welt. Georg, ihr Neffe zweiten Grades, war an Werner herangetreten. Der Junge hatte es schon mit 30 Jahren auf einen Direktorenposten bei dieser neuen Kreditanstalt namens Deutsche Bank geschafft. Wie wäre es, fragte Georg, wenn man genügend Geld zusammenbekäme, um eine zweite transatlantische Telegrafenverbindung zu legen?

Der Zeitpunkt scheint günstig. Die elektrische Telegrafie wälzt seit ein paar Jahren die komplette Wirtschaftsordnung um. Mit dem Schiff mussten Briefe bis dahin über den Atlantik verschickt werden. Wochenlang waren sie unterwegs. Jetzt, dank der Telegrafie, sausen Informationen in nur wenigen Stunden über den großen Teich. Unternehmen und Investoren brennen ebenso auf die neue Technik wie Militärs. Es scheint, als durchziehe ein neues Nervensystem aus Elektrokabeln die ganze Welt. Raum und Zeit verschwimmen.

Doch Werner, der alte Herr, ist von dem Angebot der Deutschen Bank zunächst wenig begeistert. An solchen Unterfangen sind sie schon oft gescheitert – und sie sind, weiß Gott, keine Amateure. Nein, lieber würde er sich totschießen, als zu ertragen, dass die Schulden bei der Deutschen Bank nicht zurückzuzahlen seien. Den hart erarbeiteten Wohlstand werde er gewiss nicht für ein Abenteuer aufs Spiel setzen.

Carl sieht das anders. Nach dem Tod seiner Ehefrau Marie, Tochter eines russischen Kaufmanns, ist er von St. Petersburg nach London gezogen. Seitdem er hier an der Themse lebt, hat er stets dieses rüpelhafte Großmaul vor der Nase: John Pender. Mit seinem »Globe« will Pender die Mehrheit des weltweiten Telegrafie-Marktes unter seine

Kontrolle bringen. Gnadenlos setzt der Kabelpionier seinen Plan um. Auch das erste, 16 Jahre zuvor von der »Atlantic Telegraph Company« gelegte Transatlantikkabel steht unter seiner Fuchtel. Dank seines Monopols drückt er Wucherpreise durch. 20 Wörter von Europa über den Ozean kosten stolze 100 Dollar – ein Industriearbeiter muss für diese Summe mehrere Wochen arbeiten.

Und was noch viel schlimmer ist: Pender sägt auch am wichtigsten Geschäftszweig der Siemens-Brüder. Werner hatte das Potential der Telegrafie früh erkannt. Gemeinsam mit dem Techniker Georg Halske gründete er die Firma Siemens & Halske. In der Berliner Hinterhof-Werkstatt in der Schöneberger Straße tüftelten sie an neuen Techniken. Erste Aufträge folgten. Carl Siemens war es, der die ganz großen Deals an Land zog. In Russland baute die Auslandsgesellschaft das Telegrafienetz aus. Und auch an der 11 000 Kilometer langen Verbindung von London nach Kalkutta verdienten die Deutschen prächtig. Und jetzt sollte dieser Pender alles beherrschen?

Mitnichten. Die Siemens-Brüder wollen das Monopol durchbrechen. Neben der Deutschen Bank sammeln sie auch bei amerikanischen Investoren Geld ein. Um das nötige Startkapital zusammenzutragen, stecken die Siemens-Brüder selbst ein Vermögen in die eigens gegründete »Direct United States Cable Company«. Ein Teil der Investition fließt ohne Umwege in ihre eigenen Taschen zurück. Denn ihre Kabelfabrik »Siemens Brothers« produziert in Woolwich nahe London die Tausenden Kilometer an Unterseekabeln, ein sicherer Großauftrag.

Für die Amerika-Mission konstruiert und baut William Siemens, der begnadete Ingenieur, ein Spezialschiff. Denn weltweit gibt es bislang nur ein einziges Kabelverlegungsschiff, die »Great Eastern«. Siemens steckt all seine Erfahrung in das Kabelschiff, das 16 Meter breit und 110 Meter lang ist und einen Tiefgang von acht Metern hat. Zwei Schrauben treiben es an. Ein zusätzliches Ruder macht das Schiff wendiger. Im Februar 1874 läuft die Sonderkonstruktion in Newcastle feierlich vom Stapel. Männer mit hohen Zylindern und Frauen mit Hüten jubeln dem Kahn zu. Die ganze Sippe ist angereist. Es bleibt Williams Frau Anna vorbehalten, die Flasche vor den Bug zu schmettern und das Schiff, in Erinnerung an einen alten Freund, auf den Namen »Faraday« zu taufen.

Michael Faraday hatte den Siemens-Brüdern einst einen entscheidenden Hinweis gegeben. Der namhafte britische Naturwissenschaftler zeigte den Deutschen den milchigen Saft des Guttapercha-Baums. Werner Siemens war von den Eigenschaften der Flüssigkeit begeistert. Er überzog Drahtproben mit dem erwärmten Milchsaft. Beim Abkühlen zeigte sich der Stoff von seiner besten Seite, denn er war elastisch und doch widerstandsfähig – der perfekte Isolator für Elektrizität. Mit einer eigens entwickelten Presse vermählte Werner Kupferdrähte unter Druck mit dem Guttapercha-Saft zu einer bestechenden Verbindung.

Die »Faraday« sticht in See

Die »Mission Amerika« beginnt im August 1874. Am britischen Hafen New Charlton belädt Carl Siemens den Bauch der »Faraday« mit drei riesigen Kabeltrommeln, frisch angeliefert aus dem Siemens-Werk Woolwich. Immer wieder schickt Siemens Strom durch die Kabel, um sicherzugehen, dass sie intakt sind. Am 1. September sticht die »Faraday« in See. 3 000 Kilometer soll es über den Atlantik gehen, bis ins kanadische Neufundland.

Endlich geht es los. Carl betritt die Kommandobrücke, atmet die frische Atlantikluft ein und lässt seinen Blick über das Schiffsdeck schweifen. Dutzende Arbeiter wimmeln umher, ziehen an schweren Seilen, kontrollieren Gerätschaften. Dickbauchige, sechs Meter hohe Bojen stehen vertäut herum. »Siemens Brothers London« ist auf ihnen zu lesen.

Doch Carl gehört die Kommandobrücke nicht allein. Sein Bruder William hat ihm Ludwig Löffler zur Seite gestellt. Der gebürtige Berliner arbeitet seit 1858 für Siemens in England und ist Williams engster Mitarbeiter. Löffler ist Mechaniker und Seekabelspezialist – und nicht verlegen, Carl, wenn nötig, die Meinung zu geigen. Denn die Kabelverlegung ist kein Kinderspiel. Es kommt auf die Geschwindigkeit an, mit der das Kabel in die Tiefe gleitet. Sinkt es zu schnell hinab, ist der Druck auf die Kunststoffhülle zu groß. Die »Faraday« muss deshalb mit der perfekten Geschwindigkeit fahren, damit das Kabel möglichst waagerecht seine Reise in die Schwärze des Ozeans antritt.

Carl und sein Begleiter Löffler haben nichts als Seekarten zur Orientierung. Die zeigen zwar einen Gebirgsrücken, der von Irland bis Neufundland reicht. Wo sich aber in den Meerestiefen Berge erstrecken, wo tiefe Täler klaffen, all das wissen die Kabelleger nicht genau. Deshalb lassen sie deutlich mehr Kabel hinab als nötig. Sie sprechen vom »Slack«, einem schlaffen Seil. Auf dem Grund schlängelt sich das Kabel vielerorts, kringelt sich manchmal sogar zu Türmchen. Es ist ein kostspieliges Unterfangen, das zum Streitthema wird. In Löfflers Augen lässt Carl viel zu viel »Slack« auf dem Grund liegen.

Während auf der »Faraday« Spule um Spule an Kabeln ins Meer gelassen werden, bezieht Werner Siemens Stellung an Land. Die Station ist im irischen Küstenort Ballinskellings. Von hier aus kann er die Kabel ständig überprüfen. Vor Jahren hat Werner das Verfahren erfunden. Am Anfang spotteten britische Beamte noch über »scientific humbug«. Doch mit seiner Methode, den Widerstand im Kabel zu messen, kann er Fehlerquellen auf wenige Kilometer genau lokalisieren. Zur Kontrolle nutzt Werner obendrein den Spiegelgalvanometer. Alle 10 bis 30 Minuten schickt sein Bruder Carl mit Batterien erzeugten Strom vom Schiff aus an die Landstation. Mithilfe des Geräts kann Werner Siemens auch sehr geringe Ströme messen – und so sichergehen, dass die Verbindung noch steht.

Bis zum sechsten Tag der Expedition hat Werner einen ruhigen Job. Doch dann bricht die Verbindung plötzlich ab. »Der Lichtpunkt des Galvanometers«, flucht Werner, »fliegt aus dem Gesichtsfeld.« Die Nachricht verbreitet sich in Windeseile – zur Freude des Kabel-Konkurrenten John Pender. »It is a rotten cable«, lachen die Analysten an der Börse.

Eisiger als jede Atlantik-Brise ist die Stimmung bei William Siemens. Er sieht in Carl den Schuldigen für die Situation. Es wäre ja nicht das erste Mal, dass er es in den Sand setzt – dieser Träumer, der nach der Revolution 1848 doch tatsächlich Goldschürfer in Kalifornien werden wollte. Der, als er 1851 die Siemens-Firma auf der Weltausstellung in London präsentieren sollte, für ein Fiasko sorgte. Jener Unternehmer, der schon oft Geld versenkt hatte – egal, ob es eine Kupfermine im Kaukasus war, eine Glasfabrik oder ein Gut in Finnland. Werner beschwichtigt jedoch, denn Carl sei ein wahrer Krisenmanager.

An Bord der »Faraday« bekommt Carl von all dem Ärger nichts mit. Der Kontakt zum Festland ist abgebrochen. Eilig wirft er einen Suchanker zu Wasser. Unendliche sechs Stunden dauert es, bis der Anker den Meeresgrund erreicht. Carl verlässt der Mut: 2863 Faden Tiefe. Der verdammte Montblanc könnte unter ihnen stehen, und sie würden es noch nicht einmal merken! Niemals zuvor ist es jemandem gelungen, ein Kabel aus solcher Tiefe zurückzuholen. Doch Aufgeben ist keine Option. Sollten sie zurückkehren und ein neues Kabel laden müssen, wäre die Schmach in ganz London Stadtgespräch. Pender würde die Korken knallen lassen. Gewiss ist er kein Genie wie seine großen Brüder, aber eines ist Carl doch: beharrlich. Langsam lässt er die »Faraday« über dem Suchgebiet kreuzen, immer und immer wieder. Zwei Tage lang fischt er im Trüben.

An der Landstation fällt Werner Siemens fast vom Stuhl, als die Geräte eine heftige Spiegelschwankung aufzeichnen. Und da: Die Skala zuckt regelmäßig. Der Anker muss das Kabelende berührt haben! Lauthals jubeln Werner und das ganze Stationspersonal. Carl hat das Kabel gerettet – ein Meisterstück, das auch den Börsenkurs der »Direct United States Cable Company« beruhigt.

Meile für Meile nähert sich die »Faraday« jetzt dem großen Ziel: die amerikanische Küste. Ständig reißt das Kabel und muss wieder gesucht werden. Anfang November gerät Carl mit seiner Crew in jenen Sturm, der sie fast das Leben kostet. Nach ein paar Tagen Aufenthalt an der kanadischen Küste stechen sie am 23. November wieder in See, um das mit der Boje untergegangene Kabelende zu finden. Auch diese Suche glückt. Doch das Wetter ist abermals so stürmisch, dass Carl das Kabel nur mit einer Boje markieren kann. Der heftige Winter macht es nicht besser, und die »Faraday« kehrt nach England zurück.

Seinen zweiten Anlauf startet Carl am 4. April 1875. Ein zweites Mal kehrt er erfolglos zurück. Die Investoren werden nervös. Sein Bruder Werner versucht, es Carl schonend beizubringen. Es gehe um das Projekt, die Investoren, das viele Geld; Fragen der persönlichen Eitelkeit und Ehre dürften dagegen nur in geringem Maße berücksichtigt werden. Der nächste Versuch, so verlangten es die Direktoren der »Cable Company«, sollte unter Löfflers alleiniger Regie stattfinden. Carl ist abgesetzt. Was für eine Schmach! Er war es, der von Anfang an den Riecher für das Geschäft hatte und sein Leben riskierte, als er Tausende Kilometer Unterseekabel verlegte. Und jetzt soll er in London zusehen, wie Löffler die Expedition allein beendete? Doch Carl fügt sich. Er klagt nicht, blickt nach vorne.

Problemlos bringt Löffler schließlich das Kabel ans Ziel. Am 5. September steht die Verbindung zwischen Europa und Amerika. Sie ist von erstklassiger Qualität. Mit dem »deutschen« Kabel lassen sich 19 Wörter in der Minute schicken. Am 15. September veranstalten Börsenmakler in

London und New York ein kleines Wettrennen. Gleichzeitig schicken sie Nachrichten über das Siemens- und das Pender-Kabel. Das Siemens-Kabel übermittelt die Depeschen eine Stunde schneller. Und es ist nicht nur schneller, es ist auch noch 25 Prozent billiger als die Konkurrenz.

Was daraus wurde

Carl Siemens zog es 1880 von London zurück nach St. Petersburg, wo er mit seiner verstorbenen Ehefrau lange Jahre gelebt hatte. Dort sicherte er der Firma Siemens & Halske einen weiteren großen Deal: die elektrische Straßenbeleuchtung im gesamten Zarenreich. Damit eroberte Siemens auch das Feld der Starkstromtechnologie. Zar Nikolaus II. erhob Carl aus Anerkennung in den Adelsstand. 1890 übernahm Carl die Unternehmensleitung von seinem Bruder Werner in Berlin. Er wandelte die Firma in eine Aktiengesellschaft um und blieb dem Unternehmen bis 1904 als Aufsichtsratsvorsitzender verbunden.

Bis 1923 verlegte das Kabelschiff »Faraday« insgesamt 60 000 Kilometer Seekabel. Die Siemens-Brüder hatten einen großen Anteil an der Verkabelung der Welt. Die Telegrafie, auf dem Land und unter Wasser, bildete den Grundstein für den heutigen Weltkonzern Siemens.

Lesetipps

Martin Lutz, *Carl von Siemens – ein Leben zwischen Familie und Weltfirma*, München 2013.

Werner von Siemens, *Lebenserinnerungen*, Berlin 1892 (Neuauflage München 2004).

Hörtipp

Michael Esser, *Europa ruft Amerika: Drei Brüder, der Ozean und ein Kabel. Hörspiel*, campfire-media.com 2012.

1883

Carl Ferdinand von Stumm-Halberg
Grundstein für
die Sozialpartnerschaft

1878 Nach Jahren der Wirtschaftskrise wendet sich die Wirtschaftspolitik in Deutschland vom Primat des Freihandels ab – auf Agrar- und Industrieprodukte werden Schutzzölle eingeführt.

1878 Nach der Verabschiedung des Sozialistengesetzes hat die Arbeiterbewegung ein Jahrzehnt politischer Verfolgung zu erdulden.

1879 Nach der vom Reichstag verabschiedeten Aktiengesetz-Novelle können Aktien von jedem Bürger erworben werden – dies macht die Aktiengesellschaft zur dominierenden Form des Industrieunternehmens.

1882 Robert Koch entdeckt den Tuberkelbazillus (und später auch den Cholerabazillus). 1905 erhält er als einer von zahlreichen deutschen Naturwissenschaftlern jener Zeit den Nobelpreis.

Eiserne Fürsorge

Carl Ferdinand von Stumm-Halberg war nicht nur einer der ersten großen deutschen Industriellen – er legte auch den Grundstein für die einmalige Partnerschaft im deutschen Sozialwesen und auf dem Arbeitsmarkt.

Als am 14. Oktober 1867 ein Herr im Beginn seines fünften Lebensjahrzehnts im Berliner Reichstagsgebäude des Norddeutschen Bundes ans Rednerpult tritt, erwarten die wahlweise in militärischem Gewand oder Frack erschienenen Reichsvertreter wenig. Das Stimmengewirr ist kaum zu unterbrechen, die Herren haben gerade den Appell der Liberalen Fraktion gehört, auch Arbeiter müssten sich künftig aus freien Stücken zusammenschließen dürfen.

Nun aber baut sich dieser – gemessen am Rest des Hauses – junge Mann zum Vortrag auf: Carl Ferdinand von Stumm-Halberg, ein Stahlindustrieller von der Saar. Die Stühle der Abgeordneten sind halbkreisartig in mehreren Reihen aufgestellt. Am Kopf dieses Saals an der Leipziger Straße thront hoch oben auf einem Podium Reichskanzler Otto von Bismarck, der mächtigste Mann der Stunde.

Stumm-Halberg streicht den gezwirbelten Schnauzbart, wie er das stets in solchen Momenten zu tun pflegt, und erhebt die Stimme. Wie es sich für die Zeit gehört, kleidet er seine Rede eher in die Form aufeinanderfolgender Rufe als in einen getragenen Vortrag. Die Fliege, die sein in Frack und Hemd gekleidetes Auftreten abrundet, wogt auf und ab, als er wettert: »Dass die sogenannte soziale Frage nicht gelöst wird durch die Aufhebung der Koalitionsbeschränkungen, sondern dass sie nur wirklich gelöst werden kann durch das wachsende Gefühl der Zusammengehörigkeit zwischen Kapital und Arbeit, zwischen Arbeiter und Arbeitgeber.«

Herab von seinem hölzernen Podest schaut Bismarck verwundert auf die anderen Würdenträger, die diesen ersten norddeutschen Reichstag bilden. Dass der hochgewachsene Herr mit dem pomadigen Haar dort am Rednerpult, die Taschenuhr nur lose im Frack verräumt, ihn (und seine Nachfolger) in den nächsten knapp vier Jahrzehnten mit seinen Vorstellungen zur Arbeiterfrage, zur Sozial-, Industrie- und letztlich auch zur Außenpolitik begleiten, ja manchmal regelrecht piesacken wird, weiß Bismarck zu diesem Zeitpunkt nicht. Aber vielleicht ahnt er es.

Den Großindustriellen treibt neben seinem ausgeprägten Statusbewusstsein – als selbst empfunden wichtigster Mann seiner Heimatregion rund um die saarländische Stadt Neunkirchen gehört er vom Selbstverständnis her auch in das neue Preußische Herrenhaus des Norddeutschen Bundes – der schiere Eigennutz ins Parlament. Denn auch in der Saar-Industrie werden die Arbeiter plötzlich aufmüpfiger und lassen sich im Tausch für die Lohntüte nicht mehr alles gefallen. Forderungen nach besseren Arbeitsbedingungen schallen durch die industriellen Zentren des Landes; erste Arbeiter schließen sich gar Gewerkschaften an oder – in Stumms Augen noch schlimmer – folgen sozialdemokratischen Ideen in der Politik. Lieber ein paar Zugeständnisse machen, als dass sie ihm mit ihren Bannern und Forderungen die Bude einrennen, denkt sich Stumm.

Aber Stumm weiß auch, wie er Vertrauten, nicht zuletzt Bismarck, immer wieder erzählt: Nur mit Repression wird er diese neue Spezies der Gewerkschaftsfunktionäre nicht mehr aus seinen Fabrikhallen vertreiben können. Er muss seinen Arbeitern etwas bieten. Die Aufregung an jenem Tag im hohen Hause ist groß. Stumm-Halberg erntet entschiedene Gegenrede, auch weil seine parlamentarischen Kollegen von ihm nicht ein so flammendes Plädoyer für die Einheit von Arbeit und Kapital erwartet hätten.

König, Kanzler, Industrieller

Carl-Ferdinand von Stumm-Halberg ist ihnen bis dahin nicht weiter aufgefallen. König und Kanzler kennen ihn als Industriellen, der eines der größten Stahlkonglomerate der Saar-Industrie aufgebaut hat. Er verkörpert aber in der norddeutschen Politik dieser Zeit zwischen all den Militärs, Geheimen Räten und Adeligen eher die Rolle eines Industrie-Lobbyisten und einer Randerscheinung.

Nun aber schwingt er sich zum Fürsprecher eines Themas auf, das gerade erst aufkommt: die »soziale Frage«. Seit Jahren schon haben vor allem an der Ruhr und an der Saar Arbeiter zum Aufbau des Reichs beigetragen – weitgehend ohne Rechte und Absicherung. Nun werden Forderungen populär, die Arbeiter sollten sich organisieren. Das Establishment würde das am liebsten verhindern.

Stumm-Halberg aber ist davon überzeugt, dass man die Arbeiter eher mit einer Mischung aus harter Hand in der Form und Entgegenkommen im Inhalt beruhigt. Deswegen geht er in die Politik. Dort wird er sich in den nächsten vier Jahrzehnten fast ausschließlich mit diesem Thema beschäftigen – nicht immer sehr redlich, aber mit beeindruckender Konsequenz. Und, wie es sich für einen Konservativen alten Schlags gehört: auf Grundlage einer alten Idee.

Denn als Stumm-Halberg an jenem 14. Oktober im Plenum des Preußischen Herrenhauses fortfährt, präsentiert er seinen Abgeordneten-Kollegen die Knappschaften als Vorbild für die Zukunft. »Abgesehen davon, dass der Staat vom Standpunkt der Armenpflege aus das Recht hat, demjenigen, welcher die Arbeitskraft ausnutzt, auch die Verpflichtung zum Unterhalt der nicht mehr Arbeitsfähigen aufzuerlegen, sind die Vorteile der Knappschaftskassen für die Arbeitgeber so in die Augen springend, dass in der Tat ein großes Maß von Kurzsichtigkeit oder Eigennutz zu einem solchen ablehnenden Standpunkt gehört.«

Das Problem: Die ablehnenden Stimmen überwiegen. Die meisten von Stumm-Halbergs politischen Weggefährten liebäugeln stattdessen mit einer Art staatlicher Zwangsversicherung für gängige soziale Notlagen. Lediglich eine Entourage um Kanzler Bismarck ahnt früh die Vorteile des Stumm-Halberg'schen Konzepts und geht zeitweilig eine politische Allianz mit dem Industriellen ein. Wie so viele von Stumm-Halbergs Berliner Allianzen wird auch diese später zerbrechen, das Verhältnis zu Bismarck gar in eine regelrechte Feindschaft ausarten – aber zunächst verfolgt man gemeinsame Interessen: Funktional in der Form, die aufkommende Gewerkschafts- und Sozialistenbewegung, die Kaiser wie Industriellen gleichermaßen ein Dorn im Auge ist, klein zu halten; ideell der Rahmen, Stumm-Halbergs paritätische Sozialkassen-Idee zu verfolgen.

Vor allem in den Bergbauregionen des Norddeutschen Bundes haben Knappschaften eine lange Tradition. Eine Urkunde vom 28. Dezember 1260 aus Goslar belegt die erste Knappschaft einer Bergarbeitergruppe. Sie kümmerte sich um die Unterstützung kranker Bergleute und half, Hinterbliebene verstorbener Bergleute vor ernsten Notlagen zu bewahren. In Preußen wurden die Kassen für Bergarbeiter ab 1854 verpflichtend.

In Stumm-Halbergs Werken im Saarland geht es seinerzeit zu, wie es in der Industrie Mitte des 19. Jahrhunderts eben so zugeht: Wer Glück hat, schuftet im An- und Abtransport auf dem Gelände, das sich bald über die Grenzen seiner Heimatstadt Neunkirchen ausdehnt. Wer nicht so viel Glück hat, steht im Schweiße seines Angesichts vor den glühenden Hochöfen und schippt Erz in die lodernden Flammen. Wer sich an den glühenden Funken Teile seines Körpers versengt? Wer die Schinderei nicht länger als ein, zwei Arbeitsjahrzehnte übersteht? Um alle die, das lernen Stumm und seine Industriellenkollegen erst langsam, muss sich irgendwer kümmern.

Ökonomisch progressiv, politisch reaktionär

1865 gründet man deswegen in Neunkirchen eine Knappschaft, deren Vorstand mit je vier, später drei Personen von Arbeitgeberseite und dem Knappschaftsältesten gewählt wird. An Leistungen bietet der Verein etwa Krankengeld, freie Kur und Arzneien, Beerdigungsbeihilfen, Invaliden- und Witwenpensionen, Waisenerziehungsgelder. Finanziert wird die Knappschaft bis 1906 zu zwei Dritteln aus Arbeitnehmerbeiträgen und einem Drittel aus Arbeitgeberzuzahlungen, ab 1906 dann je zur Hälfte von beiden Gruppen – das System ist auch in den Einzelheiten quasi der Vorläufer von Bismarcks Sozialgesetzen.

Betriebswirtschaftlich eher progressiv, entwickelt sich Stumm-Halberg politisch zum Reaktionär. Zwar profitieren seine Arbeiter von einer für die damalige Zeit ungewöhnlich guten materiellen Ausstattung mit Krankengeld, Invalidenrenten und im Laufe der Zeit auch günstigen Wohnungen für die Arbeiter und ihre Familien. Andererseits ist Stumm auch ein erbarmungsloser Frühkapitalist, einer, der die Kosten für Lohn und Arbeitsschutz auch noch um den letzten Pfennig drückt: ein Zwiespalt, an dem er schließlich scheitern wird.

Der Patriarch Stumm-Halberg schreibt seinen Arbeitern vor, wen sie wann heiraten dürfen. Der soziale Arbeitgeber Stumm-Halberg verspricht ihnen danach, die gesamte Familie sozial abzusichern. Er bietet seinen Arbeitern einen Deal an: bedingungslose materielle Unterstützungen gegen bedingungslose Gehorsamkeit. Tut er dies aus Taktik, Opportunismus oder Idealismus? Seine Zeitgenossen rätseln.

Taktisch klug ist die Strategie, weil Stumm-Halberg so die Sozialisten und Gewerkschaften in seinem Revier in Schach hält. Opportunistisch ist sie, weil diese Haltung Stumm-Halberg zumindest zunächst politische Nähe zum allmächtigen Reichskanzler Bismarck verschafft. Idealistisch erscheint sie, weil in den Stumm'schen Werken mehr für Arbeiter gesorgt wird als üblich: So finanziert Stumm-Halberg nicht nur bereits früh die Knappschaftskassen und ihre Nachfolger, sondern begründet – äquivalent zu Krupp im Ruhrgebiet – den Mietwohnungsbau für Arbeitnehmer und schafft umfangreiche Freizeitangebote für seine Leute. Wie verbohrt dieser patriarchalische Sozialpolitiker dabei ist, zeigt die zweite Hälfte seines politischen Schaffens.

Nicht nur, dass Stumm-Halberg überzeugter Sozialdemokraten-Hasser ist, er lässt sich auch auf keinerlei politische Kompromisse ein. Ob er den Wahlspruch »Alles für den Arbeiter – aber nichts mit dem Arbeiter« wirklich geäußert hat, darüber streiten seine Zeitgenossen. Aber sie halten es für möglich.

Nach und nach manövriert sich der mächtige Mann von der Saar ins Abseits. Bei den aufkommenden Gewerkschaften ist er ob des Festhaltens am Alleinvertretungsanspruch für seine Arbeiter verhasst, auf der politischen Rechten, weil er deren Kurs zur Bekämpfung der Sozialisten nicht mitträgt. Spätestens ab 1897 ist er komplett isoliert.

Im heimischen Neunkirchen aber bleibt Stumm bemüht, seine sozialpolitischen Vorstellungen zu verwirklichen. Seinen Arbeitern sagt er während einer Prämienübergabe, dass er sich der »Verpflichtung, sich auch außerhalb des Betriebs« um sie zu kümmern, nicht entziehen könne. Statt den bisher üblichen Strafen müsse er nun eben in besonderen Fällen von Gehorsamsverweigerung zu Kündigungen übergehen. Seine Betriebsbeamten weist er an, die »sittliche Führung« seiner Arbeiter auch außerhalb des Werks zu beobachten. Als Stumm-Halberg 1901 nach schwerer Krankheit stirbt, gelten solcherlei Ansätze im Umgang mit den Arbeitern schon als antiquiert. Die Sozialversicherung aber hat ihre größte Zeit da noch vor sich.

Was daraus wurde

Die Knappschafts-Idee stammt aus dem Bergbau und bildete mit ihrem Fürsorgemodell, das durch Arbeitgeber und Arbeiter finanziert wurde, die Grundlage für Stumm-Halbergs Ideen und damit später auch für Bismarcks Krankenversicherung. Erstmals erwähnt wurde sie im 13. Jahrhundert.

Am 1. April 2007 wurde die Knappschaft als traditionelle Versicherung der Bergleute in eine ordentliche Krankenkasse umgewandelt. Sie ist seither, was Stumm-Halberg immer wollte: ein ganz normaler Pfeiler des sozialen Sicherungssystems.

Der von Stumm-Halberg vorgetragene Gedanke der paritätischen Gestaltung der sozialen Sicherungssysteme zieht sich heute durch die gesamte deutsche Arbeitswelt. Der gleiche Finanzierungsanteil von Arbeitgebern und Arbeitnehmern für Arbeitslosenversicherung, Rentenversicherung und Krankenversicherung wurde einer der stützenden Pfeiler der sozialen Marktwirtschaft. Erst im Zuge der »Hartz«-Reformen mussten ab Mitte 2005 erstmals Arbeitnehmer in der Krankenversicherung etwas mehr bezahlen als ihre Arbeitgeber. Und ab 2015 wurde der Beitrag auf der Arbeitgeberseite eingefroren, auf der Arbeitnehmerseite jedoch nicht.

Lesetipps

Richard van Dülmen / Joachim Jacob (Hg.): *Stumm in Neunkirchen. Unternehmerherrschaft und Arbeiterleben im 19. Jahrhundert, Bilder und Skizzen aus einer Industriegemeinde*, St. Ingbert 1993.

Hans-Ulrich Wehler, *Deutsche Gesellschaftsgeschichte*, Bd. 3: *Von der »Deutschen Doppelrevolution« bis zum Beginn des Ersten Weltkrieges 1849–1914*, München 1995.

Heinrich August Winkler, *Der lange Weg nach Westen. Deutsche Geschichte 1806–1933*, München 2000.

1888

Bertha Benz
Erste Fernfahrt mit dem Auto

1884/85 Nach der Berliner Kongo-Konferenz wird das Deutsche Reich mit dem Erwerb von Kolonien in Afrika und in der Südsee zur Kolonialmacht.

1887 Mit der Gründung der Physikalisch-Technischen Reichsanstalt durch Werner von Siemens und Hermann von Helmholtz entsteht ein Eckpfeiler der außeruniversitären naturwissenschaftlich-technischen Grundlagenforschung in Deutschland.

1887 Der Abschluss des Rückversicherungsvertrags mit Russland komplettiert das gegen Frankreich gerichtete außen- und sicherheitspolitische Bündnissystem des Kaiserreichs.

1888 Mit der Einführung des Luftreifens durch den Reifenhersteller Dunlop steigt das Fahrrad zum Massenverkehrsmittel des Individualverkehrs in Deutschland auf.

Mannheimer Verschwörung

Sie ist die Braut, die sich traut. Mit einer waghalsigen Probefahrt verhilft Bertha Benz der Erfindung ihres Mannes zum Durchbruch: dem Motorenwagen. Heimlich und unvorbereitet bricht sie auf – und wird zur ersten Fernfahrerin der Welt. Es ist ein Lehrstück über die Früchte der Furchtlosigkeit.

In das Abenteuer ihres Lebens stürzt sich die vierfache Mutter, ohne zu zögern. Sie folgt einfach ihrem Gefühl. Sollen sich all die Spötter doch das Maul zerreißen, über das Satansgefährt und dessen Erfinder lästern. Einen Spinner haben sie ihn genannt! Sollen sie grübeln, ob der Mensch durch die Rasanz einer Autofahrt platzen möge, und blind dem Kaiser gehorchen, dem Pferdenarr, der pferdefreies Fahren als unpreußisch schimpft.

Bertha Benz, feine Gesichtszüge, reine Haut, dichte dunkelbraune Locken, vertraut ihrem Ehemann und seiner Erfindung. Für ihren Carl stürzt sie sich an diesem 5. August 1888 ins Ungewisse – ohne dessen Erlaubnis einzuholen, ja, ohne, dass er überhaupt von der Unternehmung erfahren soll. Ihr Carl ist ein großartiger Ingenieur, ein genialer Erfinder. Wenn er doch wüsste, wie gut er ist! Seit Monaten bläst er Trübsal. Ganz unten stehe er, klagt Carl, ganz unten, wie ein Bettler anklopfend, vor den Toren der Menschheit und ihrer Kultur.

Dabei hat er bereits vor zwei Jahren, am 29. Januar 1886, eine bahnbrechende Erfindung beim Kaiserlichen Patentamt angemeldet, da ist sich Bertha sicher: den Motorenwagen. Inzwischen steht das »Modell 3« in der Werkstatt. Wie oft hat Bertha neben ihm auf der ledernen Bank gesessen. Die ersten Probefahrten gingen zunächst über den Stadtwall Mannheims hinaus, später ins benachbarte Käfertal und nach Seckenheim. Schließlich fuhren sie bis in den Odenwald und durch den Hardtwald. Doch immer wieder streikte die Technik, oft mussten sie sich auf dem Rückweg von Pferden oder Kühen ziehen lassen. Nur ein einziges der neumodischen Vehikel hat sich verkauft. Ihr Carl verzweifelt zusehends. Doch hiermit soll jetzt Schluss sein. Bertha will beweisen, dass die Erfindung längst reif ist. Sie hat den Mut, der ihrem Carl fehlt. »Arbeiten und nicht verzweifeln«, predigt sie. Ihr Lebensmotto.

Die Verschwörung beginnt im Morgengrauen. Wie von Geisterhand öffnet sich ein hölzernes Werkstatttor in der Mannheimer Waldhofstraße. Langsam schälen sich die Umrisse eines dreirädrigen Gefährts aus der Dunkelheit, auf dem eine zierliche Gestalt sitzt. Zwei schmale Schatten schieben. Die erste Etappe des Unterfangens ist geschafft. Bertha Benz und ihre beiden Söhne Eugen, 15 Jahre alt, und Richard (13) sind startklar. Ihre Mission ist geheim: die erste Automobil-Fernfahrt der Menschheitsgeschichte. 106 Kilometer liegen vor ihnen.

Ausgerechnet der Erfinder des Gefährts, der Ehemann der Verschwörerin und Vater ihrer kindlichen Komplizen, darf von alldem nichts wissen. Carl Benz hätte die Fernfahrt niemals genehmigt. Zu schwach sei der Zweieinhalb-PS-Motor, zu unerprobt die Bremsen, zu wackelig die Lenkung. Nichtsahnend schläft er dem Tag entgegen. Auf dem Küchentisch wartet ein Zettel auf ihn. »Sind zu Großmutter gefahren.« Den Mittagstisch wird die Köchin auftragen, und um die Töchter, Mathilde und Clara, werden sich die Dienstmädchen kümmern.

Auf nach Pforzheim!

Bertha Benz, 39 Jahre alt, riskiert an diesem Sommertag alles – ohne Fahrerlaubnis (eine solche kann damals auf der ganzen Welt nur einer vorweisen: ihr Mann); ohne Genehmigung der Polizei (die Obrigkeit hat Testfahrten strikt untersagt, weil der knatternde Motor regelmäßig die Pferde scheu macht); und ohne überhaupt den Weg zum angepeilten Ziel Pforzheim zu kennen, denn bislang ist sie nur mit der Eisenbahn dorthin gefahren.

Um fünf Uhr am Morgen starten die Verschwörer die Fernfahrt. Ihre Buben wissen, wie es geht. Seit Eugen und Richard mit dem Herrn Papa mitfahren durften, gibt es für sie nur noch eines: den Motorenwagen. Schnell haben sie gelernt, mit dem Fahrzeug umzugehen, es zu steuern und in Ordnung zu halten. Von jeder Änderung sind sie unterrichtet und kennen den Mechanismus so gut wie der Vater selbst.

Drei Räder hat das offene Gefährt, die hölzernen Hinterräder sind mit Stahl bereift, das kleinere Vorderrad rollt auf

Gummi. Hinter dem Sitz liegt quer der Einzylindermotor, gleich daneben schwappt das Kühlwasser. Über einen Lederriemen kommt das Vorderrad in Schwung. Eine Kette, die an eine Fahrradkette erinnert, bringt auch die Hinterreifen ans Arbeiten. Der Tank, der knapp zwölf Liter fasst, ist vorsichtshalber nicht ganz gefüllt. Eine Ersatzflasche ist an Bord.

Als sich das Trio weit genug vom Haus entfernt wähnt, gibt Bertha Benz ihren Söhnen das Startzeichen. Eugen, der Ältere, zerrt mit aller Kraft an dem schweren, gusseisernen Schwungrad. Lautes Knattern, eine dunkle Auspuffwolke, überschwappendes Öl. Schnell springt Eugen auf den linken Fahrersitz hinter das Steuer, Mutter Bertha platziert sich daneben, dem kleinen Richard bleibt nur der enge Gästestuhl, mit dem Rücken zur Fahrtrichtung. Vorsichtig drückt Eugen den Steuerknüppel nach vorn, der Motorenwagen, stark wie zweieinhalb Pferde, ruckelt los.

Die frische, reine Morgenluft bläst Bertha ins Gesicht. Bahngleise weisen den Weg, sie führen zur ersten Etappe, nach Heidelberg. Die aufgehende Sonne hüllt die Landschaft in warme Töne. Beruhigend knattert der Motor. Nach den ersten Kilometern schiebt die Euphorie die Sorgen beiseite. Wenn ihr Carl das nur miterleben könnte.

Ein ungleiches Paar

Ihre Wege trafen sich erstmals vor 21 Jahren, im Sommer 1867. Der Pforzheimer Geselligkeitsverein »Eintracht« hatte zum Ausflug mit Musik ins Kloster Maulbronn geladen. Unter den Ausflüglern befanden sich auch Bertha, die damals mit Nachnamen noch Ringer hieß, und Carl Benz. In der klösterlichen Kapelle kam man sich näher – diese braunen Augen, die dunklen langen Haare, der feine Schnauzbart. Und dann noch dieses Strahlen, wenn der begabte Tänzer übers Parkett fegte. Um Bertha war es geschehen.

Dabei waren sie denkbar ungleich: sie, Tochter des Zimmermeisters Karl Friedrich Ringer, aus gutbürgerlichem Hause stammend, er, der Sohn einer Witwe aus einfachen Verhältnissen, der sich mühsam hochschuftete. Immerhin hatte er es zum Konstrukteur für Eisenbrücken bei den Gebrüdern Benckiser gebracht. Bertha war der einzige Mensch, dem Carl seine heimlichen Pläne anvertraute. Sie handelten vom Bau eines selbstfahrenden Wagens. Und noch bevor sie heirateten, griff Bertha ihrem Zukünftigen unter die Arme, den Traum zu verwirklichen. Es waren unruhige Zeiten. Der Deutsch-Französische Krieg brach aus. Carls Arbeitgeber Benckiser verlor einen wichtigen Auftrag, und die Aktienkurse stürzten ab. Carl beschloss, sein Glück selbst in die Hand zu nehmen. Bertha war es, die ihren Vater bat, Carl finanziell zu unterstützen.

Am 19. Juli 1872 folgte der nächste Schritt. Bertha und Carl erschienen nebst zweier Zeugen beim Amtsgericht Pforzheim. Die Hochzeit. Bertha war überglücklich, aber nicht blind. Im Ehevertrag ließ sie festhalten, dass ihr Barvermögen von 4244 Gulden ihr alleiniges Eigentum bleiben sollte.

Ein Vierteljahrhundert später sitzt Bertha auf dem pferdelosen Wagen, dem wahr gewordenen Lebenstraum ihres Mannes, und rauscht mit 16 Kilometern pro Stunde in einer Staubwolke über Schotterwege. Straßen gibt es nicht. Das

Fernziel: ihre Heimatstadt Pforzheim. Nach nicht einmal einer Stunde ist Heidelberg erreicht.

In Wiesloch bei Heidelberg der erste Halt. Bertha eilt in die Apotheke. Mit edlem Holz ist das Innere vertäfelt, auf den oberen Regalreihen reihen sich braune Töpfchen, darunter nicht minder sortiert Dosen aus weißer Emaille. Bertha verlangt nach dem Reinigungsmittel Ligroin. Das klarflüssige Leichtbenzin ist der Treibstoff ihres Abenteuers, die Apotheke ihre Tankstelle. Eugen und Richard schöpfen derweil neues Kühlwasser im Stadtbrunnen. Schnell sammelt sich um die merkwürdige Kutsche eine Menschenmasse: Habt ihr die Pferde verloren? Seid ihr die Vorhut des Zirkus? Oder nur Zigeuner? Und: Sitzt da eine Frau »obbe«? Gelächter allenthalben.

Die weitere Fahrt ist eine Tortur. Kurz hinter Bruchsal kommt es zur ersten Panne. Die Ketten haben sich in der gleißenden Sommerhitze in die Länge ausgedehnt. Der Dorfschmied muss sie – unter dem Staunen der Nachbarn – kürzen. Bei Weingarten bleibt der Wagen abermals liegen. Diesmal macht die Benzinzufuhr Kummer, doch Bertha stochert mit ihrer Hutnadel so lange in dem verstopften Schlauch herum, bis das Ligroin wieder fließt. Die abgenutzten Lederstopfen auf den Bremsen erneuert ein Schuster. Und als ein durchgescheuertes Kabel einen Kurzschluss auslöst, umwickelt die Fernfahrerin die Stelle mit ihrem Strumpfband.

Endlich am Ziel

Doch die größte Herausforderung steht noch bevor: die Schwarzwaldstraße. Die Steigung ist zu steil, der Motor zu schwach. Richard und Eugen, vom Ruß schwarz im Gesicht, und ihre vollends verdreckte Mutter müssen schieben. Stundenlang. Die Dämmerung setzt ein. Eine Laterne hat der Wagen nicht. Pferdekutschen brausen vorbei, deren Insassen auf sie herabblicken. Selbst die vielen Arbeiter, die zu Fuß nach Hause wandern, überholen sie.

Es ist fast völlig dunkel, als sie den Gipfel erreichen und nun auf die Lichter Pforzheims hinunterschauen. Berauscht vom Fahrtwind und dem Gefühl, es geschafft zu haben, rasen die Ausflügler ins Tal. Immer mehr Menschen, besonders Jugendliche, begleiten das Gefährt, laufen nebenher. Die Ankunft ist ein Triumph.

Zu gerne hätte sie mit dem Motorenwagen ihre Mutter überrascht. Sollte sie doch sehen, was eine Frau imstande ist zu leisten. Kurz nach Berthas Geburt hatte die Mutter in der Familienbibel für die ganze Nachwelt festgehalten: »Leider wieder nur ein Mädchen.« Noch als Kind erfuhr Bertha von diesem schmerzlichen Eintrag. Ausgerechnet am Tag der Fernfahrt war die Mutter verreist. Bertha hat es trotzdem bewiesen, dass es für Frauen nicht nur den einen Weg – von der Wiege an den Herd – gibt.

Kaum steht der Wagen in Pforzheim, da stürmt Bertha in die nächstbeste Telegrafenstube. »In Pforzheim glücklich angekommen«, schreibt sie ihrem Mann. Statt Lob oder Dank presst Carl am folgenden Morgen seine Wut in dreizehn grußlose Worte: »Ketten sofort als Express zurückschicken, da sonst Wagen in München nicht laufen kann.« Es dauert Tage, bis sich der besorgte Ehemann, Vater und Erfinder erholt.

Mit der Fernfahrt brachte Bertha ihrem Carl nicht nur wichtige Informationen. Sie schenkte ihm vor allem eines: neuen Mut. Wenige Wochen später, auf der sogenannten »Kraftausstellung« in München, führte Carl Benz den Motorenwagen mit Probefahrten in der Innenstadt vor. Er gewinnt die begehrte »Große Goldene Medaille«. Endlich wird seine Konstruktion als das gefeiert, was sie ist: weltbewegend. Den Durchbruch seiner Erfindung hat er einer Verschwörung zu verdanken.

Was daraus wurde

Nach der Fernfahrt seiner Frau Bertha verkaufte Carl Benz einzelne Modelle in Frankreich, England und den USA. 1894 brachte er das Modell »Velo« auf den Markt – ein Erfolg. Dem Velo folgten ein motorbetriebener Omnibus und ein Lastwagen. Ab 1899 produzierte Benz vierrädrige Autos in Serie.

Zeitgleich zu Carl Benz tüftelte auch Gottlieb Daimler am Ende des 19. Jahrhunderts an ersten Motorenwagen. Zwar trafen sich beide Pioniere niemals persönlich. Doch nachdem der Erste Weltkrieg der zivilen deutschen Autoindustrie zugesetzt hatte, fusionierten ihre Unternehmen im Juni 1926 zur Daimler-Benz AG mit Sitz in Berlin und der Hauptverwaltung in Stuttgart-Untertürkheim. Damit entstand ein deutscher Akteur auf dem Markt, der nach der Jahrhundertwende durch die von Henry Ford in den USA entwickelte Massenproduktion rasant an Fahrt gewonnen hatte.

Heute zählt die Automobilindustrie zu den wichtigsten deutschen Wirtschaftszweigen. Die Bundesrepublik ist eines der größten Herstellerländer der Welt. Laut Bundeswirtschaftsministerium beschäftigte die Branche 2014 über 775 000 Menschen. Der Umsatz betrug in dem Jahr rund 384 Milliarden Euro. Insgesamt liefen in Deutschland 2014 mehr als 5,6 Millionen Autos vom Band. Noch mehr Fahrzeuge produzieren die deutschen Hersteller im Ausland.

Lesetipps

Angela Elis, *Mein Traum ist länger als die Nacht*, Berlin 2010.
Barbara Leisner, *Bertha Benz. Eine starke Frau am Steuer des ersten Automobils*, Stuttgart 2011.

1909

Carl Bosch und Fritz Haber
Kunstdünger gegen
den Welthunger

1890 Mit der Entlassung Otto von Bismarcks als Reichskanzler beginnt die Epoche des »Wilhelminismus«, benannt nach Kaiser Wilhelm II.

1902 In Berlin – als fünfter Stadt in Europa – wird eine erste U-Bahn-Strecke eröffnet. Hamburg folgt 1912.

1910 Als Folge der Urbanisierung lebt in Deutschland die Hälfte der Bevölkerung in Mittel- und Großstädten.

1910 Die durchschnittliche Lebenserwartung ist infolge einer deutlich gesunkenen Sterblichkeitsrate, besonders bei Säuglingen, seit der Reichsgründung um jeweils zehn Jahre auf 44,8 Jahre (Männer) bzw. 48,3 Jahre (Frauen) gestiegen.

Brot aus der Luft

Wissenschaftler auf der ganzen Welt beißen sich an der Herstellung von Ammoniak die Zähne aus. Doch dann kommt der Chemiker Fritz Haber. Gemeinsam mit Carl Bosch entwickelt er ein Verfahren, das nichts weniger als eine Weltsensation ist. Der Chemiefabrik BASF eröffnet es ein Mega-Geschäft.

Es ist der späte Nachmittag des 2. Juli 1909. Unsicher blicken sich der Chemieprofessor Fritz Haber, Mechanikermeister Julius Kranz und Alwin Mittasch, der emsige Assistent, in die Augen. Es ist soweit: Die Apparatur aus länglichen Behältern, dünnen Rohren und einem Druckmesser steht bereit. Carl Bosch von der Chemiefabrik BASF ist eigens aus Ludwigshafen nach Karlsruhe gekommen, um das Experiment mit eigenen Augen zu sehen. Auf ein Zeichen Habers startet der Versuch. Der Chemiker will vorführen, dass er zum ersten Mal einen der begehrtesten Stoffe der Welt künstlich herstellen kann. Doch eine Dichtung versagt ihren Dienst – zur Unzeit, der Vorführ-Effekt.

Hektisch werkeln die Techniker. Für Carl Bosch, den wichtigen BASF-Mann, eine zu harte Geduldsprobe. Bosch reist ab – und verpasst eine Sensation. Denn im zweiten Anlauf gelingt der Test. Die Apparatur läuft bei 600 bis 900 Grad Celsius, der Druck beträgt 185 Atmosphären. Im Inneren wirken 98 Gramm des Edelmetalls Osmium als Katalysator. Gespannt blickt der kahlköpfige Haber durch seine kleine Nickelbrille auf einen Hahn. »Es tröpfelt!«, ruft er vor Entzückung. Sie haben es tatsächlich geschafft, Ammoniak zu gewinnen.

Macht Stickstoff satt?

Der Wissenschaftler ahnt, dass ihm hier eine Weltsensation gelungen ist. Denn in Ammoniak, diesem beißend stinkenden Gas, ist neben Wasserstoff auch Stickstoff enthalten. Und mit Stickstoff lässt sich die größte Bedrohung der Menschheit lösen: das Ernährungsproblem. Schon der britische Wirtschaftswissenschaftler Thomas Malthus hatte einst gewarnt, angesichts des Bevölkerungswachstums komme die Lebensmittelproduktion nicht hinterher. Der Forscher Justus Liebig war es, der herausfand, dass Stickstoff ein geeignetes Düngemittel ist, um das Problem zu lösen. Und nun, im Kaiserreich, ist es quasi zum Allgemeingut geworden, dass Stickstoff neben dem Wasser der »gewaltigste Motor« des Lebens ist.

Habers Arbeit an diesem Motor beginnt mit einer Anfrage aus Wien. Es ist der Sommer 1904, als er den Brief erhält. Haber, 36 Jahre alt, ist Assistent am chemisch-technischen Institut der Großherzoglich Badischen Technischen Hochschule in Karlsruhe. Seitdem er sechs Jahre zuvor die »Karlsruher Chemische Gesellschaft« mitgegründet hat, ist der Forscher mit den jüdischen Wurzeln in der Industrie gefragt. Der Verein ist Bindeglied zwischen Wissenschaft und Wirtschaft. Die Kontakte will Haber sich zu Nutze machen – denn von den 1 200 Mark Assistenten-Gehalt im Jahr lässt sich nur auf sehr schmalem Fuße leben.

Was die Herren Margulies, ihres Zeichens Inhaber und Geschäftsführer der Österreichischen Chemischen Werke, ihn in dem Brief fragen, ist so einfach wie utopisch: Ob es sich empfehle, Stickstoff und Wasserstoff im großen Maßstab zu Ammoniak zu vereinigen. So aussichtslos ihr Ansinnen, so lukrativ der Auftrag: Die Wiener locken mit reichlich Geld für die Forschung.

Bislang muss Ammoniak mühsam in der fernen Atacama-Wüste in Chile gewonnen werden. Er findet sich im Salpeter, stickstoffhaltigem Vogelkot. Hunderttausende Tonnen importiert Deutschland Jahr für Jahr. Doch die Vorräte sind begrenzt. Und im Kriegsfall, fürchtet Haber, sei das geliebte Vaterland von dem lebenswichtigen Stoff abgeschnitten.

Die Pflanzen haben es da leichter. Winzige Helfer, Bodenbakterien, ermöglichen es ihnen, den begehrten Stoff direkt aus der Luft umwandeln. Die Menschen hingegen verzweifelten bislang an der Aufgabe, Stickstoff auch künstlich brauchbar zu machen. Jahrelang haben Chemiker aus der ganzen Welt vergebens versucht, das Problem zu lösen.

Nun macht sich Haber an die Aufgabe. Wie so oft arbeitet er sich blitzschnell in das neue Thema ein. Seine Auffassungsgabe und sein enormer Fleiß werden allenthalben bestaunt. Sein bedingungsloser Fleiß bringt Haber aber auch an seine Grenzen, er erleidet körperliche und psychische Erschöpfungszustände.

Die Vermählung von Stickstoff- und Wasserstoffatomen ist eine besonders diffizile Aufgabe. Hoher Druck und niedrige Temperaturen ermöglichen sie – die Reaktion dauert elendig lang. Anders verhält es sich bei hohen Temperaturen. Nur leider zerreißt es dann das Ammoniak. In seiner Versuchsanordnung setzt Haber auf Eisen. Durch beidseitig glasierte Porzellanrohre lässt er ein Gasgemisch aus Stickstoff und Wasserstoff über das Eisen strömen – bei 1 020 Grad Celsius. In dem austretenden Gas misst er tatsächlich Ammoniak, allerdings in extrem niedriger Konzentration. Habers Urteil ist vernichtend: Die direkte Synthese ist für ein technisches Verfahren hoffnungslos. Seine Wiener Auftraggeber danken Haber trotzdem, hat er sie doch vor hohen Fehlinvestitionen bewahrt.

Eigentlich könnte das Abenteuer Ammoniak für Haber hier beendet sein. Immerhin forscht er an genügend anderen, aussichtsreicheren Fragen. Wäre da nicht dieser Chemiker Walther Nernst: Kommt der doch tatsächlich auf die Idee, Habers Messergebnisse als ungenau zu denunzieren. Im Mai 1907, droht Nernst, will er auf der Hauptversammlung der Bunsen-Gesellschaft die wahren Werte präsentieren. Haber zieht sich vor Kränkung der Magen zusammen: das alte Leiden – die Verdauung, die Nerven, die Hautprobleme.

Um seinen Ruf zu retten, mischt sich Haber in Hamburg heimlich unter die Aktionäre der Bunsen-Gesellschaft. Es ist der 12. Mai 1907, der Tag der Hauptversammlung. Als Nernst gerade dazu ansetzt, gegen Habers Werte zu wettern, kommt es zum Showdown. Haber gibt sich zu erkennen, will die Angelegenheit klarstellen. Doch Nernst interessiert das nicht. Wie ein Schulmeister verweist er einfach weiter auf die »stark unrichtigen Zahlen«. Angesichts der öffentlichen Zurechtweisung kocht Haber vor Wut.

Beruflich kämpft Haber um seine Ehre – und zu Hause mit seiner Ehefrau Clara Immerwahr, dieser blonden promovierten Chemikerin, die er schon zu Studienzeiten so lieb hatte. Zehn Jahre hatte er um sie gebuhlt – erfolglos. Erst 1901 hat sich Clara schließlich doch überzeugen lassen, es mit Fritz zu versuchen. Doch Clara will sich einfach nicht auf die ihr zugedachte Rolle als hübsches Beistück reduzieren lassen. Zu sehr hatte sie dafür gekämpft, als erste Frau Naturwissenschaften studieren zu dürfen. Zu sehr liebte sie die Chemie.

Haber lenkt seine Aufmerksamkeit lieber wieder auf das Ammoniak-Problem. Hier lassen sich die Parameter wenigstens messen. Seit der Schmach vor der Bunsen-Gesellschaft ist Haber wie besessen, Nernst aufzuzeigen, wessen Können das überlegene ist. Er stürzt sich auf die Ammoniak-Zahlen – gemeinsam mit seinem Mitarbeiter, dem erfindungsreichen Engländer Robert Le Rossignol.

Diesmal nehmen sie ein dickwandiges Porzellanrohr, durch das sie das Stickstoff-Wasserstoff-Gemisch leiten. Im Inneren des Rohrs wartet wieder Eisen als Katalysator. Anders als bei den ersten Versuchen setzen die Forscher dieses Mal alles unter Druck, unter 30 Atmosphären. Als Haber schließlich die Ergebnisse in den Händen hält, grinst er zufrieden. Natürlich hat er recht. Dieser Nernst hat keine Ahnung. Genüsslich setzt er sich an deren Veröffentlichung.

Im Dienst der BASF

Habers Zahlen sorgen für Wirbel. Im Dezember 1907 tritt Carl Engler, Habers früherer Förderer an der Hochschule in Karlsruhe, an ihn heran – im Auftrag der Badischen Anilin & Sodafabrik (BASF). Das Ludwigshafener Unternehmen hatte jahrelang erfolglos versucht, künstlich Stickstoff zu gewinnen. Nach zähen Verhandlungen unterschreibt Haber am 6. März 1908 schließlich einen Vertrag. 6 000 Mark soll Haber pro Jahr für seine Forschung bekommen, dazu Mittel für weitere nötige Anschaffungen. Außerdem sichert sich Haber zehn Prozent am Reingewinn, wenn sich seine Forschung in bare Münze umsetzen ließe. Es dauerte nicht lange, da kamen mehr und mehr neue Interessenten. Haber nutzt die Gunst der Stunde, um seinen BASF-Etat auf 20 000 Mark zu erhöhen.

Wieder ist es Habers Rivale Nernst, der den entscheidenden Impuls gibt. Denn zu Beginn der BASF-Kooperation forscht Haber an verschiedenen Wegen, Stickstoff künstlich zu gewinnen. Seit Mai 1908 lenkt Haber seine Aufmerksamkeit plötzlich auf die Ammoniaksynthese. Der Grund ist ein Aufeinandertreffen mit Nernst in Berlin. Dort erfährt Haber, dass sich sein Widersacher im Auftrag der Firma Griesheim-Elektron ebenfalls an der Ammoniaksynthese versuchte. War das sein Ernst? Vor der Bunsen-Gesellschaft hatte Nernst noch erklärt, wie unmöglich es sei, das Verfahren großtechnisch zu nutzen. Hatte Nernst die ganze Zeit bewusst eine Nebelkerze gezündet, um selbst an der Sache forschen zu können? Habers Ehrgeiz ist geweckt.

Schon ein Jahr später meldet die BASF ein erstes Basispatent an. Es sind Habers gute Kontakte zur Deutschen Glühlicht AG, die einen weiteren Durchbruch bringen. Das Unternehmen hat noch 100 Kilogramm Osmium übrig, ein seltenes wie teures Edelmetall. Den Stoff verwendete die Firma einst für Glühbirnen, ersetzte ihn dann aber durch billigere Materialien.

Haber entdeckt: Osmium ist der perfekte Katalysator für die Ammoniaksynthese. Mit Osmium als Kontaktstoff reichen 550 Grad Celsius und 175 Atmosphären Druck aus. Die Konzentration des austretenden Gases liegt bei erstaunlichen acht Prozent Ammoniak. Haber kommt die Idee, das Gas mit einer Vorrichtung auf sibirische minus 36 Grad herunterzukühlen. Der Plan geht auf: Ammoniak tropft aus der Apparatur. »Du musst sehen, wie es herausläuft«, ruft Haber zu seinem Kollegen Max Mayer. Und Mitarbeiter Staudinger lässt er wissen: »Kommen Sie runter, es gibt Ammoniak!«

Stolz berichtet Haber seinen Durchbruch der BASF. Immerhin hatte das Unternehmen ordentlich Geld überwiesen für derlei Genialität. Doch die Resonanz ist: ernüchternd. Eine Aussprache soll es nun richten. Heinrich von Brunck, Technischer Leiter und Aufsichtsratsvorsitzender der BASF, Laborleiter August Bernthsen und der berüchtigte Techniker Carl Bosch sind gekommen. Die BASF-Granden wollen von Haber wissen, wie hoch der Druck sein muss. »Nun, mindestens 100 Atmosphären«, lautet die Antwort. »100! Erst gestern ist uns ein Autoklav mit nur 7 Atmosphären in die Luft geflogen!«, raunzt Brunck. Carl Bosch ist es, der dem Gespräch die Wende gibt. Er glaube, sagt er, technisch sei das machbar.

Die Umsetzung bleibt zunächst ein Himmelfahrtskommando. Nach Hunderten Versuchen hatte sich schließlich doch Eisen als der perfekte Katalysator herausgestellt. Allerdings bereitet die Produktion Probleme. Temperaturen von über 500 Grad Celsius sind nötig, dazu der hundertfache Atmosphärendruck. Der Druck ist zu groß, die Temperaturen zu hoch. Das explosive Gemisch bringt selbst Stahl zum Bersten.

Doch mit Carl Bosch tüftelt ein technisches Genie an der Problemstellung. Wieder und wieder überprüft Bosch die Anlage – bis er fündig wird. Der aufgeheizte Wasserstoff ist die Ursache. Wasserstoff löst den Kohlenstoff aus den Stahlwänden. Die Hülle wird porös und weich. Die Diagnose ist gestellt, es folgt die Therapie. Bosch kleidet die Innenwände mit einer dünnen Schicht Weicheisen aus. Die enthält weniger Kohlenstoff und kommt mit dem Druck zurecht. Ein paar Löcher in der Stahlwand entlasten das Ganze zusätzlich.

Die erste Großanlage errichtet Bosch 1912 in Ludwigshafen, im Stadtteil Oppau; im September 1913 geht das Werk in Betrieb und produziert täglich 30 Tonnen Ammoniak. Für Haber beginnt indes eine Zeit des Leidens. Auf Geheiß der BASF darf er lange seine Forschungsergebnisse nicht veröffentlichen. Die BASF will ihren technischen Vorsprung behalten und ändert erst nach und nach ihre harte Haltung. Als Haber seine Ergebnisse präsentiert, ist ihm die Sensation sicher. Dem Nobelpreiskomitee fällt es 1918 nicht schwer, einen Preisträger zu küren. Haber jubelt immerhin zwei Jahre, bevor auch Nernst seinen Nobelpreis entgegennimmt. In Physik.

Was daraus wurde

Fritz Haber zählt zu den umstrittensten Wissenschaftlern in der Chemie. Einerseits schuf er mit der Ammoniaksynthese die Grundlage für Kunstdünger, der Milliarden von Menschen ernährte. Für das Haber-Bosch-Verfahren wurde er 1918 mit dem Nobelpreis ausgezeichnet. Andererseits wurde seine Entdeckung auch für Sprengstoffe und Bomben genutzt.

Haber selbst trieb im Ersten Weltkrieg mit glühender Leidenschaft die Entwicklung von chemischen Massenvernichtungswaffen voran. Beim großen Giftgaseinsatz im belgischen Ypern wurde Habers mörderische Forschung angewandt. 6 000 Gasflaschen mit Chlorgas wurden an der Front vergraben und, als die Winde günstig standen, geöffnet. An der gelbgrünen Giftwolke starben Tausende Menschen qualvoll.

Maßgeblich war Haber auch an der Entwicklung des Schädlingsbekämpfungsgases Zyklon B beteiligt, das die Nationalsozialisten später einsetzten, um Juden zu töten. Haber, selbst jüdischer Herkunft, wusste von der späteren Verwendung seines Gases nichts. Am 29. Januar 1934 war Haber in Basel an einem Herzschlag gestorben.

Lesetipps

Dietrich Stoltzenberg, *Fritz Haber: Chemiker, Nobelpreisträger, Deutscher, Jude*, Weinheim 1994.

Margit Szöllösi-Janze, *Fritz Haber (1918–1934). Eine Biographie*, München 1998.

1918

Hugo Stinnes und Carl Legien
Beginn der deutschen Tarifautonomie

1914 Nach der Ermordung des österreichischen Thronfolgers Franz Ferdinand durch einen serbischen Nationalisten eskaliert die diplomatische »Juli-Krise« im Ersten Weltkrieg.

1917 Die USA treten auf der Seite der Alliierten in den Krieg ein.

1917 Die Russische Revolution führt zur Auflösung des Zarenreiches, zur Gründung der Sowjetunion und zum Aufstieg des Kommunismus.

1918 Nach der Novemberrevolution löst sich die Donaumonarchie Österreich-Ungarn auf. Mit der Abdankung Wilhelms II. endet auch das Kaiserreich in Deutschland, die »Weimarer Republik« entsteht als erster demokratischer Staat.

Das Zweckbündnis

Als sich der Erste Weltkrieg seinem Ende neigt, merken Arbeitgeber und Arbeiter in Deutschland: Nur vereint kann man die Kriegswirtschaft so auf Frieden umstellen, dass nicht Pleiten und Massenarbeitslosigkeit folgen. Ein Ruhr-Industrieller und ein Gewerkschaftsführer beschließen daraufhin: Nur gemeinsam sind beide Parteien stark. Sie formen ein wegweisendes Bündnis.

Während draußen das Chaos tobt, bemüht man sich im Innern um angemessene Ruhe. Direkt gegenüber dem reichshauptstadttrubeligen Bahnhof Friedrichstraße trotzen die dicken Mauern des Continental-Hotels schon seit Jahrzehnten dem Gewusel der Stadt. Die Familie Adlon ködert ihre Gäste mit dem »vornehmen Restaurant«, »Fernsprechern in jedem Zimmer« und dem Versprechen, das »vornehmste Familienhotel der Reichshauptstadt« zu sein, während draußen das Land unterzugehen droht. Wer will, kann eine Runde Tennis spielen.

Solche Annehmlichkeiten freilich locken die zwei Herren nicht, die man im Hause mittlerweile sehr gut kennt und die auch an diesem Morgen des 15. November 1918 wieder durch die Halle in einen der Besprechungsräume ziehen. Der eine mit dem gezwirbelten Schnäuzer dieser Zeit ganz wilhelminisch-aristokratisch und doch einer der wichtigsten Gewerkschaftsführer, der andere mit Backenbart und schwarzem Haupthaar der bedeutendste Industrielle des Landes. Zusammen wollen der Gewerkschaftschef Carl Legien und der Ruhr-Fabrikant Hugo Stinnes an diesem Tag vollenden, was sie und andere in den Wochen zuvor ausgehandelt haben.

»Ich glaube, wir können nichts besseres tun«, raunt Stinnes Legien zu, der die Sache genauso sieht. Wie sie sich überhaupt in den vergangenen Monaten näher gekommen sind, als es vorbestimmt zu sein schien. Der knorrige Gewerkschafter und der herrische Industrielle, Alpha-Tiere beide, selbstsicher, arrogant, das Gewinnen gewohnt – und doch wild entschlossen, an diesem Tag, wo das Land zwischen Kriegsende, bolschewistischer Revolution und Chaos schwankt, gemeinsam Geschichte zu schreiben. Dafür wollen sie hier in dem feinen Hotel, das ihnen in den vergangenen Monaten ob der vielen Verhandlungen zu einer zweiten Heimat geworden ist, vereinen, was seit knapp einem Jahrhundert nicht zu vereinen war: die Industriellen und die Arbeiterbewegung.

Dem Deutschen Reich geht es in diesen Tagen nicht sehr gut. Man hat den Ersten Weltkrieg durch Kapitulation beendet, der Kaiser hat abgedankt, es wechseln Revolution und Konterrevolution. Millionen Soldaten kehren in die Städte zurück und verlangen nach Arbeit. Die Industrie ist auf Kriegswirtschaft eingestellt und muss sich jetzt schnell wandeln.

Nun, da die Politik versagt, wollen Arbeitgeber und Gewerkschaften erstmals zusammenarbeiten, den alten Klassengegensatz auflösen. Es ist ein einmaliges Vorhaben, das die beiden Herren hier vorantreiben. Natürlich, die Geschichte des deutschen Tarifvertragssystems reicht bis in die Mitte des 19. Jahrhunderts zurück. In ersten Industriebranchen, unter anderem im Buchdruckgewerbe, wurden aufgrund einer guten wirtschaftlichen Lage sowie eines hohen Organisationsgrads bereits seit längerem Tarifverträge abgeschlossen. Doch solche Vereinbarungen blieben die Ausnahme. Bis zum Beginn des Ersten Weltkriegs unterlagen nur etwa 1,5 Millionen Arbeiter einem Tarifvertrag, gerade einmal zehn Prozent. Dabei handelte es sich in aller Regel um Firmen- oder räumlich begrenzte Ortstarifverträge. In Schlüsselbranchen wie der Eisen- und Stahlindustrie oder dem Bergbau spielten Tarifverträge keine Rolle. Hier herrschte Klassenkampf.

Schon während des Ersten Weltkriegs aber änderte sich die Frontstellung innerhalb der Betriebe. Man strebte im Rahmen des »Burgfriedens« eine stärkere Kooperation an, etwa durch die Einrichtung von Kriegsarbeitsgemeinschaften in tarifgebundenen Branchen. Und vor allem: Der Staat erkannte die Gewerkschaften an.

Für ein wirkliches Bündnis aber brauchte es mehr. Vor allem brauchte es zweier Männer, die entschlossen waren, wenn auch aus der Not, die alten Gegensätze zu überbrücken: Hugo Stinnes war ein solcher auf Seiten der Arbeitgeber, Carl Legien auf Seiten der Gewerkschaften. Über fast eineinhalb Jahre zogen sich ihre Treffen und die ihrer Gesandter hin, bis sie an jenem Novembertag im Continental-Hotel den Grundstein für die Tarifautonomie legten: in völliger Unabhängigkeit, gegenseitigem Einvernehmen und frei von staatlichen Einflüssen. Dieser Weg begann, wo er später auch enden sollte: ausgerechnet in dem feudalen Berliner Hotel.

Abhängig vom Krieg

Mai 1917: August Müller, seines Zeichens hoher Beamter im Kriegsernährungsamt, hat sich in den vergangenen Monaten so einige Sorgen gemacht. Nicht nur, dass es für das Kaiserreich im Krieg nicht gut läuft. Müller ahnt: Je näher das Kriegsende rückt, desto stärker stellt sich die Frage: Wie lässt sich die deutsche Wirtschaft von Kriegs- auf Friedensmodus umstellen, ohne dass es zu sozialen Verwerfungen kommt? Er hat da einen Professor Schumacher von der Universität Berlin kennengelernt, der ihm eine Idee ins Ohr gesetzt hat: Der Staat müsse versuchen, dass sich Gewerkschaften und Arbeitgeber von sich aus auf eine Wirtschaftsordnung für die Nachkriegszeit einigen.

Den aus seiner Sicht idealen Ansprechpartner dafür nennt der Gelehrte Müller auch schon: Stinnes, einen beinharten Ruhrindustriellen und Gewerkschaftshasser. Aber eben auch ein versierter Machtmensch, der auch ungewöhnliche Bündnisse eingeht, wenn sie seinen Interessen dienen.

Also lässt Müller am Stinnes-Firmensitz in Mülheim an der Ruhr telegrafieren, er freue sich über ein Treffen in Berlin. Das »Continental« eigne sich doch ganz hervorragend. Der Beamte und der Industrielle verstehen sich blendend. Auch als Müller Stinnes nahelegt, den Schulterschluss mit den Gewerkschaften zu suchen, endet die Übereinstimmung nicht. Als das Gespräch zu Ende geht, stellt Müller klar: »Und denken Sie daran, die Initiative darf nicht wirken, als ginge sie vom Staat aus.« Stinnes stimmt zu und versichert: Er selbst werde entsprechend mit den anderen Führern der Ruhrindustrie Kontakt aufzunehmen. Müller solle derweil eine Zusammenkunft zwischen Unternehmern und Gewerkschaften in Berlin organisieren.

9. August 1917: Es vergeht etwas Zeit, aber Stinnes hält sein Wort. Wieder trifft man sich im Continental-Hotel. Neben Stinnes sind auch drei weitere Ruhrindustrielle angereist. Müller hat dem Gewerkschaftsführer Carl Legien zunächst nur einige Subalterne für eine Teilnahme abschwatzen können. Dennoch entwickelt sich ein reges Gespräch zwischen den Herren. Nach der Zusammenkunft zeigen sich beide Seiten zufrieden, obwohl wenig Konkretes besprochen wird.

Die Gewerkschaften betonen, man müsse regelmäßige Strukturen einziehen und auch über Sozialpolitik sprechen. Stinnes bittet Müller, ein weiteres Treffen einzuberufen.

Dazu kommt es wenig später. Nun lässt sich auch Ober-Gewerkschafter Legien blicken. Erstmals spielt auch Sozialpolitik eine Rolle, wenn auch die Kriegsfrage und ob Deutschlands Wirtschaft sich ein zeitiges Kriegsende leisten kann, noch immer dominieren. Es ist Stinnes, der schließlich das Prinzip der Gespräche vorgibt: »Wenn erstmal«, ruft er mit seiner Bariton-Stimme, »die große Quote erreicht ist, wird man sich über die kleine schon einigen.« Mit der großen Quote sind die Kriegsziele gemeint, während die kleine Quote sich als Synonym für die sozialpolitischen Ziele der

Gewerkschaften eingebürgert hat. Man beschließt, die Gespräche zu verstetigen: »Und wenn aus dem Ganzen nicht mehr herauskommt, als dass wir alle vier Wochen zwanglos an einem Tisch sitzen, so ist schon viel erreicht«, sagt Legien, als man auseinandergeht.

3. Dezember 1917: das zweite offizielle Treffen. Vor allem Stinnes ist nun ungeduldig. Der Krieg neigt sich dem Ende entgegen, keinem guten Ende aus Sicht der Deutschen. Umso mehr drängt die Ruhrindustrie, die Gewerkschaften in Sachen Kriegsziele in die Spur zu bringen. Man braucht den Schulterschluss – enden die Kämpfe zu früh, drohen Gewinneinbußen. Dafür setzen die Industriellen auf ein Bündnis des Kaiserreichs mit dem Zarenreich.

Deshalb ist Stinnes bereit, im Gegenzug die Gewerkschaften offiziell zu akzeptieren. Er erhebt sich und setzt zu einem kleinen Vortrag an: »Die Leute wollen um jeden Preis ein neues Wettrüsten vermeiden, als ob es eine andere Abrüstung zuverlässiger Art gibt als ein Bündnis mit Russland. Unsere Demokratie hat immer wieder auf den verkehrten Seiten gelegen und tut es auch heute wieder. Trotzdem gebe ich die Hoffnung nicht auf, dass unsere Arbeitervertreter durch die englische Verbissenheit in der Fortsetzung des Krieges noch eines besseren belehrt werden.«

Um die Gewerkschaften zu bearbeiten, will Stinnes sich mit ihnen alleine zusammensetzen. Dann, glaubt der Mann, den sie im eigenen Unternehmen »den Prinzipal« nennen, werde er die Arbeiter schon von einem strammen Kriegskurs überzeugen. Als er das hört, beugt sich ein beisitzender Industrieller zu seinem Sitznachbarn und flüstert: »Er erreicht damit nichts, aber die Methode charakterisiert ihn.«

So entwickelt sich Stinnes rund um den Jahreswechsel zum mächtigsten Mann der deutschen Wirtschaft. Zeitweise wird er gar als Reichspräsident gehandelt. Obwohl er lieber hinter den Kulissen Fäden zieht, wird er nun prominent. So schleppt sich das letzte Kriegsjahr dahin. Erst im Herbst 1918, unter dem Eindruck des größer werdenden Chaos, spinnt sich der Gesprächsfaden ernsthaft fort.

Die Not wird größer

9. Oktober 1918: Die Rückkehr von Stinnes' Sohn Edmund aus dem Krieg steht bevor. Der Vater schreibt ihm, da Edmund noch Zugang zu Lebensmitteln hat, die selbst für eine reiche Familie wie die Stinnes' nicht mehr selbstverständlich sind: »Speck und Schinken interessieren Mama, Butter wegen der nicht sehr guten Haltbarkeit nicht über 20 Pfunde für uns. Dagegen würden zweckmäßig je fünf Pfund für die Großmama in der Delle, Tante Nora und die Großeltern vorzusehen sein. Ich lege Dir für alle Fälle 1000 Mark bei zur Beschaffung von Lebensmitteln. Sonst hast Du wohl nichts nötig.«

Natürlich hat Stinnes mehr Grund, sich Sorgen um Arbeitslosigkeit und politische Unruhen zu machen. Erneut bittet er die Rhein-Ruhr-Industriellen im Düsseldorfer Stahlhof zur Zusammenkunft. Allen ist klar, dass die Industrie die Herausforderungen der Zeit nur bewältigen wird, wenn sie sich mit der organisierten Arbeiterschaft zusammenschließt. Sie gehen von politischer Instabilität aus, vor allem die neue Reichsregierung unter Max von Baden zieht Skepsis auf sich: Die werde sich nur wenige Wochen halten. Daher brauche man dringend einen Schulterschluss mit den Gewerkschaften. Die Industriellen ernennen Stinnes ob dessen alter Kontakte zu den Gewerkschaften zu ihrem Verhandlungsführer.

18. Oktober 1918: Ein prachtvoller Industriellenbau im Herzen Mülheims. Auf dem Weg dorthin passieren die Geladenen die Schlote der Fabriken, in denen für den Krieg produziert wurde: Munition, Waffen, Fahrzeuge. Stinnes hat die Abgesandten der Arbeiter in seine Privatgemächer geladen. Man gratuliert sich zunächst dazu, nun zusammenzuarbeiten, dann kommen die Gewerkschafter schnell zur Sache. Es geht ihnen vor allem um die Arbeitszeiten. Die Gewerkschafter fordern den Achtstundentag. Stinnes weiß, dass er kaum darum herumkommt, aber auch, dass viele seiner Kollegen um ihre Kosten fürchten. Er will deswegen eine Generallösung vermeiden und das Problem in den Betrieben klären lassen. Dennoch hat auch Stinnes großes Interesse, wie die meisten Gewerkschafter im Raum, sich nicht zu lange zu vertagen. »Der drohende Bolschewismus kann nur durch Arbeit für alle niedergehalten werden«, lässt er die Runde wissen.

26. Oktober 1918: In Berlin ist die Entscheidung gefallen, den Krieg zu beenden. Es droht, aus Sicht der Industrie, eine schnelle Demobilisierung. Im Ruhrgebiet kommen Stinnes, die nordwestdeutsche Gruppe des Vereins Deutscher Eisen- und Stahlindustrieller sowie Arbeiterführer zusammen. Stinnes' herausragende Rolle als Verhandlungsführer wird deutlich. Er zeigt sich als effektiver Krisenmanager und Gewerkschaftsversteher – und will jetzt nur noch eins: eine schnelle Lösung. Sein Kalkül: Je län-

ger die Gewerkschafter ihren Mitgliedern keine Erfolge in den Gesprächen mit der Industrie vorzeigen können, desto stärker werden auf der Linken die Radikalen. Und daran hat kein Industrieller Interesse.

Während man sich in Gewerkschaften und Industrie vor allem Sorgen um die Beendigung der Kriegswirtschaft macht – nach Schätzungen würde allein durch die Einstellung der Granaten- und Zünderproduktion eine Million Menschen arbeitslos –, denkt Stinnes schon ein Stück über die unmittelbare Krisensituation hinaus. Er schlägt vor, Arbeiter in diejenigen Werke und Zechen zu verlegen, die direkt ans Eisenbahnnetz, das zum Heerestransport immens ausgebaut worden war, angeschlossen sind; auch sollen alle im Heeresbesitz befindlichen Züge und Lastwagen den landwirtschaftlichen Betrieben und Bezirksverwaltungen zur Verfügung gestellt werden. »Vor allem aber muss mit aller Gewalt und restlos mit der Berliner Bevormundung aufgeräumt werden.« Das auch für die Gewerkschaft attraktive Angebot lautet: Wirtschaftliche Fragen wolle man künftig nur noch zwischen Industriellen und Arbeitern verhandeln, ganz ohne Politik.

29. Oktober 1918: Ein Aufmarsch der schwarzen Fräcke und hohen Hüte. In der Zentrale der Deutsch-luxemburgischen Bergwerks- und Hüttengesellschaft trifft sich, wer in der Rhein-Ruhr-Industrie etwas zu sagen hat, zur Hauptversammlung. Honorige Herren, großes Geld – und trotzdem herrscht Unsicherheit über die Lage. Stinnes schreitet auf das Podium und sagt Unerhörtes für die Ohren des kumulierten Kapitals: dass die Gesellschaft jetzt mit den Arbeitern Frieden machen werde. »Das Vaterland befindet sich

in äußerster Not. Arbeitgeber und Arbeitnehmer in der rheinisch-westfälischen Industrie halten es für nötig, sich für die Übergangszeit und die Nachkriegszeit zusammenzuschließen.« Stinnes fragt schon nicht mehr, er beschreibt das Unausweichliche. Das *Volksblatt* fasst anschließend zusammen: »Der unerbittliche Feind der Arbeit« suche in der Not das Bündnis mit den Arbeitern.

11. November 1918: Der Weltkrieg ist verloren. Der Kaiser hat abgedankt, und Hunderttausende Soldaten strömen von der Front zurück in die Heimat. Aus Hunger und Enttäuschung liefern sich viele Menschen blutige Straßenkämpfe. In vielen deutschen Großstädten bilden sich Arbeiter- und Soldatenräte, die die Vergesellschaftung der Großindustrie fordern. Unter diesen Vorzeichen versammeln sich Arbeitgeber und Arbeitervertreter im Continental-Hotel. Man will nun so lange tagen, bis man ein Ergebnis hat.

Durch die politischen Verschiebungen trumpfen die Arbeiterparteien auf, und mit ihnen die Gewerkschaften. Der Achtstundentag scheint nun unabwendbar. Stinnes eröffnet die Runde dennoch mit der Ansage: »Sie haben die politische Macht in der Hand, aber ich unterschreibe nichts, was ich unter veränderten politischen Verhältnissen dem Geiste nach nicht halten kann.«

Innerlich ist Stinnes längst klar: Mit den Gewerkschaftern kann man reden. Man muss seine Vorbehalte über Bord werfen und auch mal Dinge akzeptieren, mit denen die Gewerkschafter ihre Leute beruhigen können. In Legien findet er ein ähnlich gestricktes Gegenüber. Der Gewerkschaftsführer präsentiert sich in diesen entscheidenden Tagen akribisch, durchsetzungsfähig und konfliktbereit – aber immer bereit und stark genug, auch der anderen Seite ihre Erfolge zu lassen. So einigt man sich schließlich darauf, den Achtstundentag zu akzeptieren – wenn er auch in anderen Ländern eingeführt werde. Die Gewerkschafter haben nun ihren Achtstundentag, die Arbeitgeber sehen ihre Konkurrenzfähigkeit ausreichend berücksichtigt.

15. November 1918: Stinnes und Legien sind sich einig, dass die Schwierigkeiten des Augenblicks zusammen von der Arbeitsgemeinschaft aus Arbeitgebern und Arbeitervertretern gelöst werden müssen. Stinnes sagt zu seinen Industriellen-Kollegen: »Ich glaube, wir können nichts Besseres tun, als mit aller Macht darauf hinzuwirken, dass sich alle Teile im Reiche und alle Industrien so rasch wie möglich organisieren. Nur dann werden wir dazu kommen, dass diese Organisationen der Zentralausschüsse und die Fachgruppen tatsächlich ihre Aufgaben erfüllen und ebenso gut erfüllen, wie es die Gewerkschaften tun.«

Der Kern der Übereinkunft: Sämtliche aus dem Heeresdienst zurückkehrende Arbeitnehmer haben Anspruch auf ihren früheren Arbeitsplatz. Zudem verpflichten sich die Arbeitgeber, die von ihnen als Konkurrenz zu den Gewerkschaften geförderten unternehmerfreundlichen »Werkvereine« nicht länger zu unterstützen.

Als Gegenleistung erkennen die Gewerkschaften die freie Unternehmerwirtschaft an. Der von der politischen Linken wie dem Spartakusbund geforderten Vergesellschaftung der Produktionsmittel nach sowjetischem Vorbild wird damit eine Absage erteilt. Den organisatorischen Rahmen zukünftiger Kooperation soll die aus Unternehmern und Gewerkschaftsvertretern paritätisch besetzte »Zentralarbeitsgemeinschaft« (ZAG) bilden.

Das Stinnes-Legien-Abkommen bereitet damit die Grundlage für Tarifverträge. In den Jahren nach Ende dem Ersten Weltkrieg stieg daher sowohl die absolute Zahl der Tarifverträge als auch die der tarifgebundenen Beschäftigten stark an. Letztere verzeichneten einen Anstieg von 1,1 Millionen im Jahr 1918 auf über 14 Millionen im Jahr 1922.

Zwar überlebt das System zunächst nicht lange. Nach Auseinandersetzungen um die Höhe der Arbeitszeit bricht die ZAG 1924 auseinander. Vor allem Stinnes betreibt den Bruch. Sein alter Verhandlungspartner Legien ist da schon seit vier Jahren tot. Nur an einer Stelle lebt er weiter: Stinnes benennt eines seiner Schiffe nach ihm.

Was daraus wurde

Was Legien und Stinnes seinerzeit verhandelten, bildet bis heute die Grundlage für die Verhältnisse auf dem deutschen Arbeitsmarkt: Politik und Behörde halten sich weitgehend heraus, stattdessen verhandeln Arbeitgeber (über ihre Verbände) und Gewerkschaften autonom über die Rahmenbedingungen in den jeweiligen Branchen.

Die Tarifvertragsordnung von 1918 und die Weimarer Verfassung von 1919 sicherten die Tarifautonomie rechtlich ab, trotzdem waren staatliche Eingriffe erlaubt. 1948/49 wurde ein neues Tarifvertragsgesetz ausgearbeitet, das sich an der Weimarer Tarifvertragsordnung und am amerikanischen Prinzip des »free collective bargaining« orientierte. Arbeitgeber und Gewerkschaften waren sich einig, dass staatliche Eingriffe in Tarifauseinandersetzungen abgewehrt werden müssten. Seit 1949 wurden bundesweit mehr als 350 000 Tarifverträge in Deutschland geschlossen.

Das Prinzip des Dualismus aus Gewerkschaften und Arbeitgebern zieht sich in Deutschland bis ins Aktienrecht. Auch in den Gremien von börsennotierten Konzernen müssen Arbeitgeber und Arbeitnehmervertreter hälftig vertreten sein. In einzelnen Branchen haben Gewerkschaften sogar ein Veto-Recht bei der Besetzung einzelner Vorstandsposten. Erst in den vergangenen Jahren weichte die Politik dieses Prinzip auf.

Lesetipps

Gerald D. Feldman, »Das deutsche Unternehmertum zwischen Krieg und Revolution. Die Entstehung des Stinnes-Legien-Abkommens«, in: Ders., *Vom Weltkrieg zur Weltwirtschaftskrise. Studien zur deutschen Wirtschafts- und Sozialgeschichte 1914–1932*, Göttingen 1984.

Gerald D. Feldman, *Hugo Stinnes. Biographie eines Industriellen. 1870–1924*, München 1998.

Birger P. Priddat, *Leistungsfähigkeit der Sozialpartnerschaft in der Sozialen Marktwirtschaft. Mitbestimmung und Kooperation*, Marburg 2011.

1934

Ferdinand Porsche
Dunkle Stunde der Automobilindustrie

1923 Die seit dem Kriegsende in Deutschland galoppierende Inflation vernichtet das Vermögen und die Ersparnisse weiter Teile des Bürgertums.

1928 Die Einführung des Tonfilms läutet das Ende der Epoche des Stummfilms ein, macht aber zugleich den Kinobesuch zum beliebtesten Freizeitvergnügen der Deutschen in der Zwischenkriegszeit.

1929 Die Weltwirtschaftskrise beginnt mit dem »Schwarzen Freitag« an der New Yorker Börse.

1933 Mit der Ernennung von Adolf Hitler (NSDAP) zum Reichskanzler endet die erste Demokratie in Deutschland; die Diktatur und Schreckensherrschaft des Nationalsozialismus beginnt.

Des Führers Beifahrer

Der Ingenieur Ferdinand Porsche sucht die Nähe zum Dik-
tator Adolf Hitler – und wird dessen liebster Ingenieur.
Porsche konstruiert für Hitler den ersten Volkswagen. Ein
Beispiel für technische Genialität und politische Gleichgül-
tigkeit deutscher Wirtschaftsgrößen.

Ferdinand Porsche weiß, wie er das Geburtstagskind glücklich machen kann. Berlin, der 20. April 1938: Der 61-jährige
Automobilkonstrukteur drapiert das Geschenk liebevoll auf
einer hellen Holzkiste. Etwas verloren steht er da, der kleine Mann mit dem Schnauzbart und der Halbglatze, die nur
von einer kleinen Haarinsel auf der Stirn bewachsen wird.
Plötzlich wird es unruhig. Eine Traube von Soldaten mar-
schiert heran. Männer mit sauber gescheitelten Haaren in
braunen, schwarzen, weißen Uniformen. Wie auf ein un-
sichtbares Zeichen hin teilt sich die Traube. Aus der Masse
tritt in braunem Mantel der Jubilar: Adolf Hitler.

Der »Führer« eilt an seinem 49. Geburtstag von Termin
zu Termin. Um 9 Uhr gratulierten schon die Minister und
Reichsleiter. Eine Stunde später marschierte die SA-Stan-
darte »Feldherrenhalle« ihm zu Ehren die Berliner Wilhelm-

straße, dem Regierungszentrum des kaiserlichen, demokratischen und nun nationalsozialistischen Deutschen Reiches, ab. Um 11 Uhr folgte die große Truppenparade an der Universität. Abends wird es noch die Uraufführung des Olympiafilms von Leni Riefenstahl und danach einen Empfang geben.

Doch in diesem Moment schenkt Hitler seine volle Aufmerksamkeit seinem liebsten Ingenieur: Ferdinand Porsche. Gespannt wie ein Kind vor der Geburtstagstorte steht Hitler nun da, begutachtet das Präsent: ein schwarzes Modellauto. Der Führer ist entzückt. Strahlend beugt er sich vor, inspiziert jedes Detail. Fast zärtlich streicht er über die geschwungene Form des glänzend polierten Gefährts. Porsche, der einzige Zivilist im Raum, erklärt das kleine rundliche Auto in aller Ausführlichkeit und nimmt die Heckklappe hoch, hinter der sich der Motor befindet. So soll er aussehen, der Volkswagen, den Hitler dem deutschen Volk versprochen hat.

Motorisierung der Massen

Fünf Jahre zuvor lernen sich die beiden Österreicher Porsche und Hitler schätzen. Als erster Reichskanzler überhaupt besucht Hitler am 11. Februar 1933 die Internationale Automobilausstellung in Berlin. Reichspräsident Paul von Hindenburg, der ihn erst zwölf Tage zuvor zum Reichskanzler ernannt hat, liegt krank danieder. Da lässt es sich der Autonarr Hitler nicht nehmen, der Industrie persönlich seine Aufwartung zu machen. Schließlich ist der Kanzler ein Technikfreak und Sportwagenfan. Seit 1930 zählen die offenen Mercedes-Limousinen zum festen Bestandteil der Hitler'schen Aufmärsche und Parteitage.

Einen Tag, nachdem Hitler im Berliner Sportpalast mit seiner Rede Zehntausende Gefolgsleute in Ekstase gebrüllt hat, kommt der Reichskanzler auf der Automobilmesse ganz unaufgeregt daher, in schwarzem Anzug und schmaler Krawatte. Daimler-, BMW- und Auto-Union-Vorstände belagern ihn, präsentieren Hitler die neuesten Modelle. Der Automobil-Liebhaber ist ein dankbarer Gast. Er streicht über Lenkräder und Steuerknüppel, bewundert Motoren. Vor allem aber ist er hier, um seinen Masterplan in die Welt zu bringen: die Volksmotorisierung. Der Kanzler kündigt ein gewaltiges Straßenbauprogramm an und verspricht steuerliche Vorteile für Fahrzeughalter. Mit seinem Straßenbauprogramm will er vor allem das Millionen-Heer von Arbeitslosen in Lohn und Brot bringen.

Hitlers Worte schallen aus den Radioempfängern in die Wohnstuben der Nation. Auch Ferdinand Porsche hört mit. Mit diesem Kanzler würde es sich gut arbeiten lassen. Sofort wittert er die Chance für sein kleines Stuttgarter Konstrukteursbüro »Dr. Ing. h. c. F. Porsche GmbH, Konstruktionen und Beratungen für Motoren und Fahrzeugbau«. Noch am Tag der Hitler'schen Eröffnungsrede auf der Automobilausstellung stürmt Porsche ins Stuttgarter Amt der Deutschen Reichspost. Er setzt ein Glückwunsch-Telegramm auf. Der Empfänger: Reichskanzler Adolf Hitler. »Als Schöpfer vieler namhafter Konstruktionen auf dem Gebiet des deutschen und österreichischen Kraft- und Luftfahrtwesens und mehr als 30 Jahre mitkämpfend um den heutigen Erfolg beglück-

wünsche ich Euer Exzellenz zur tiefgründigen Eröffnungsrede der Deutschen Automobilausstellung.«

Porsche schreibt seine Lobeshymne nicht ohne Hinter-
gedanken. Sein Büro braucht dringend Aufträge. Porsche
musste schon Freunde und Bekannte um Geld beknien. Allein 40 000 Reichsmark hat ihm der Rennsportfahrer Baron
Hans Veyder-Malberg bereits als Überbrückungskredit gegeben. Und dann sind da noch die 25 000 Reichsmark, die
die Auto-Union dem Büro geliehen hat. Für Porsche geht es
um mehr als das Geld. Er lebt für seine technischen Ideen.
Mit 25 Jahren baute der Autodidakt sein erstes Fahrzeug, ein
Elektro-Auto. Auf der Weltausstellung in Paris gewann Porsche damit 1900 die goldene Medaille. Seine Rennwagen
fuhren auf den Strecken in ganz Europa Siege ein.

Selbst bis zu Josef Stalin hatte sich sein Können herum-
gesprochen. Der kommunistische Diktator lockte mit Pri-
vilegien und Vollmachten. Er wollte Porsche als »Staats-
konstrukteur« gewinnen. Arbeiten für eine Sowjet-Diktatur
– warum nicht? Porsche folgte mit seinem Sohn Ferry der
Einladung Stalins und begab sich auf Informationsreise
nach Moskau. Doch als es ernst wurde, bekam der Deutsche
kalte Füße. Die Sprachbarriere hatte ihn abgeschreckt. Er
sagte Stalin ab und wandte sich einem anderen Führer zu,
dessen Sprache er weitaus besser verstand.

Seinen direkten Draht zu Adolf Hitler nutzt Porsche für
sein eigentliches Anliegen. Porsche will die Massen motori-
sieren. Seit langem trägt er die Idee mit sich herum. Der jüdische Ingenieur Josef Ganz hatte Porsches Sohn Ferry vor
Jahren einen »Ganz-Klein-Wagen« mit Heckmotor und Ein-
zelradaufhängung vorgeführt. Porsche ist ebenfalls von der

Idee angetan. Für die Zündapp-Werke in Nürnberg hat er schon einmal ein ähnliches Gefährt entwickelt. Die Idee: ein bezahlbares, aber vollwertiges Auto für alle.

Das Exposé, das Porsche Anfang 1934 schreibt, ist nur wenige Seiten lang. Mit feinen Strichen hat Porsche ein stromlinienförmiges Auto entworfen. Ein »vollwertiges Gebrauchsfahrzeug, das mit jedem anderen Gebrauchsfahrzeug in Wettbewerb treten kann«, tönt Porsche. 600 bis 650 Kilogramm soll der Wagen wiegen. Porsche ist nicht darum verlegen, sich selbst als den Konstrukteur des Wagens ins Spiel zu bringen. Hitler mag diesen Porsche, ein Mann, der anpackt, der sich was traut. Ein verkanntes Genie, ganz wie es ihm selbst mit der Kunst ergangen ist, da ist sich Hitler sicher.

Im März 1934 eröffnet Hitler abermals die Automobilausstellung – und landet einen Coup. Nicht nur Luxusautos sollte die Industrie produzieren, sondern auch Fahrzeuge für die breite Masse. Auch der »einfache Mann« habe Anspruch auf ein Auto. Einzig der Wille und die Entschlusskraft von Staat und Wirtschaft entschieden darüber, ob das Volk zu seinem automobilen Recht komme. Bei der Automobilausstellung verkündet er den Bau des Volkswagens. Seine Pläne erinnern stark an das Porsche-Exposé.

Hitler setzt dem Reichsverband der Automobilindustrie (RDA) die Pistole auf die Brust. Der Verband reagiert mürrisch. Einen Kleinwagen für 1 000 Reichsmark, wie ihn Hitler will, ist in ihren Augen schlichtweg nicht machbar. Um guten Willen zu demonstrieren, einigen sie sich darauf, dass Porsches Büro einen Prototyp entwickelt. 500 000 Reichsmark stellten die Hersteller Porsche für die Konstruktion des Volksmobils zur Verfügung.

Nur wenige Wochen später empfängt Hitler den Stuttgarter Ingenieur im Nobelhotel »Kaiserhof« im Berliner Regierungsviertel, ein wuchtiges Grandhotel, in dem der NS-Führer ausländische Staatschefs zu empfangen pflegt. Im Salon, auf schweren Stühlen, gibt der Führer vor, wie er sich das denkt, mit dem Volkswagen. Robust und leicht soll das Auto sein, mit 30 PS und einem luftgekühlten Dreizylinder-Dieselmotor. Unbedingt sollte sich das Gefährt auch militärisch nutzen lassen.

Porsche macht sich unverzüglich an die Arbeit. In seiner Villa im kleinen Städtchen Feuerbach bei Stuttgart beugt sich Porsche mit seinem Sohn Ferry über aufwendige Konstruktionspläne. Das weiß getünchte Landhaus mit den schwarzen Schlagläden hatte sich Porsche schon 1924, damals noch als Vorstandsmitglied und Chef-Konstrukteur der Daimler-Motoren-Gesellschaft in Stuttgart, erbauen lassen. Zehn Jahre später, als Selbständiger mit Volkswagen-Auftrag vor der Nase, ließ er seine großen Garagen um ein Werkstattgebäude erweitern. Jetzt, da er zehn Monate Zeit für einen Prototyp hat, brennt hier unentwegt das Licht. Der Aufwand ist enorm. Um die Aerodynamik zu verbessern, unterzieht Porsches Truppe das Fahrzeug sogar Versuchen im Windkanal in Berlin-Dahlem.

Doch mit den ersten Ergebnissen ist Hitler alles andere als zufrieden. Abfällig spricht er über den Heckmotor, der unfallträchtig sei. Hitler will möglichst schnell einen Probewagen sehen. Der Druck wächst. Als Porsche einen zugesagten Termin nicht einhält, wird es brenzlig. Der Automobilverband RDA nutzt die Gelegenheit, das ungeliebte Projekt und Porsche zu diskreditieren. Der Volkswagen sei nicht verwendbar. In einem Brief an Hitler schreibt das RDA-Präsidium: »Wir brauchen keine Gazelle, wir brauchen ein robustes Pferd.«

Und Hitler? Er reagiert wütend auf die Nörgler vom Autoverband: Diese Marxisten, die nur Luxus-Autos im Sinn haben! Am 15. Februar 1936, wieder ist es der Tag, an dem die Automobilmesse eröffnet wird, schlägt Hitler verbal zurück. Er wettert gegen den »trostlosen Verfall« der deutschen Verkehrswirtschaft, den auch die Autoindustrie mit zu verantworten habe. Überschwänglich lobt er Porsche für seine Genialität. Hitlers Ansage kennt keine zwei Deutungen: »Die Welt wird verstehen, weshalb ich mit rücksichtsloser Entschlossenheit die Vorarbeiten zur Erschaffung des deutschen Volkswagens durchführen lasse und zum Abschluss bringen will – und zwar zum erfolgreichen Abschluss.«

Nicht noch einmal will sich Porsche von den Funktionären des Autoverbandes RDA diskreditieren lassen. Obwohl Porsche vom RDA bezahlt wird, unterrichtet er seine Auftraggeber nicht, als er zwei Probewagen der VW 3-Serie auf den Obersalzberg schickt. Es ist der 11. Juli 1936. Hermann Göring, Beauftragter für den Vierjahresplan, und Fritz Todt, Generalinspekteur für das Straßenwesen, sind auch gekommen. Ferry Porsche kurvt mit den Fahrzeugen durch die herrliche Berglandschaft. Später geht es in die Berchtesgadener Daimler-Benz-Werkstatt. Hier wird die Karosserie abgenommen. Bei einer Tasse Tee überzeugt sich Hitler, dass der Volkswagen auch militärisch nützlich ist. Als der Führer nach dem Produktionspreis fragt, beziffert ihn Porsche auf 940 Reichsmark. Im Handel, so der Ingenieur, könne der Volkswagen für 1 200 Reichsmark zu haben sein. Hitler wischt die Bedenken beiseite und setzt den Preis auf 990 Reichsmark fest. Was Porsche ihm nicht verraten hat: Die 940 Reichsmark sind illusorisch. Selbst, wenn die Rohstoffpreise drastisch gesenkt würden, wäre er nicht haltbar.

Der »Führer« ist euphorisch. Sofort denkt er über den Bau von Fabriken für den Volkswagen nach. Warum sollte man die Versager der deutschen Automobilindustrie ans Steuer lassen, wenn man das auch selbst bewerkstelligen kann? Freihändig schätzt Hitler die Baukosten für das weltgrößte Automobil-Werk, das ihm vorschwebt, auf 90 Millionen Reichsmark. Die stetig steigenden Kosten für Rüstungsgüter? Die Rohstoffknappheit? Sie interessieren Hitler ebenso wenig wie die Geldquellen für das Unterfangen. Ausgerechnet ein Industrievertreter, BMW-Chef Franz Josef Popp, bringt die Deutsche Arbeitsfront (DAF) ins Spiel – wohl auch, um die befürchteten Kosten von sich fernzuhalten. Die DAF kümmert sich seit 1933 anstelle der verbotenen und aufgelösten Gewerkschaften um die Arbeiter und Angestellten in den Betrieben, etwa als Reiseveranstalter der »Kraft-durch-Freude-Reisen«.

Auf dem Weg zum »Volkswagen«

Jetzt also soll es der »Kraft-durch-Freude-Wagen« werden. Per Sparbrief sollen die Deutschen auf ihr Auto sparen. Eine hübsche Sache, befindet der als »Reichstrunkenbold« verschrieene DAF-Chef Robert Ley. Ein Projekt ganz nach dessen Geschmack: Es gibt nichts, was der »Führer« heute sagt, das er nicht schon vorgestern erledigt haben will. Die DAF hat volle Kassen (u. a. aus dem 1933 beschlagnahmten

Vermögen der Gewerkschaften), aus denen die weltgrößte Autofabrik finanziert werden soll. In der Endstufe, so Hitlers Pläne, sollen in der neuen Fabrik jedes Jahr 1,5 Millionen Autos gefertigt werden. »Porsche-Werk« soll es nach dem Willen des Diktators heißen, was der angedachte Namensgeber dankend ablehnt. Porsche hält wenig von den selbstherrlichen Auftritten der NS-Eliten. Erst 1937 ist er der Partei Hitlers beigetreten, hat auch den obligatorischen Fragebogen der »Schutzstaffel« ausgefüllt. Von seinem SS-Rang nimmt er jedoch wenig Notiz. Stets tritt er in zivilem Outfit auf. Ihn interessiert die Garage, nicht die Parade.

Vom Flugzeug aus suchen die Planer den besten Standort für das gewaltige Werk. Gesucht wird ein Ort in Mitteldeutschland, gelegen an Autobahn, Kanal und Eisenbahn. Hitler entscheidet sich für einen Standort nahe der mittelalterlichen Wolfsburg bei Fallersleben.

Porsche ist auf dem Höhepunkt seiner Karriere. Auf dem Reichsparteitag 1938 zeichnet Hitler den Konstrukteur mit dem neu gestifteten Deutschen Nationalpreis aus. Heß, Goebbels und Göring jubeln ihm zu. Am 26. Mai des gleichen Jahres, dem Himmelfahrtstag, wird der Grundstein für das neue Autowerk gelegt. 50 000 Menschen werden zum künftigen Werksgelände gekarrt. Tausende Jugendliche ziehen, aufgeregt plappernd, mit Hakenkreuz-Fahnen in den Händen heran. Kapellen spielen, Schaulustige erwarten die Nazi-Prominenz.

Die Ehrentribüne erstreckt sich dort, wo später das Verwaltungsgebäude des Unternehmens entstehen soll. Um 13.25 Uhr marschieren die Ehrenkompanien aus den drei Wehrmachtsteilen Heer, Luftwaffe und Marine auf. Der SS-

Obergruppenführer sowie der SA-Stabschef machen ebenfalls ihre Aufwartung. Die Kulisse ist bereitet. Adolf Hitler tritt, umringt von Nazi-Größen, auf die Bühne. Am Rande, als einziger Zivilist: Ferdinand Porsche.

Nach knappen Worten legt Hitler den Grundstein. Es folgt die reinste Triumphfahrt. Strahlend steigen der Diktator und sein Konstrukteur in ein VW-Cabriolet. Hitler nimmt auf dem Beifahrersitz Platz, der deutlich ältere Porsche klettert auf die Rückbank. Sein Sohn Ferry steuert den Wagen im Schritttempo durch die jubelnden Menschenmassen. Am nächsten Tag ist Ferry Porsche ein Medienstar. Kübelweise Fanpost erreicht den Fahrer des Führers.

Auf der größten Baustelle Europas schuften in den folgenden Monaten bis zu 10 000 Menschen, um das Werk auf der grünen Wiese aus dem Boden zu stampfen. 3 000 Arbeiter hat Mussolini aus Italien als Helfer geschickt. Der Bau des Werks kommt voran, wenig später rollen die ersten 630 Käfer aus den Hallen. Doch der September 1939 ändert alles: Deutschland überfällt Polen. Aus dem Werk wird eine Waffenschmiede, aus dem Volkswagen ein militärischer Kübelwagen. Und aus dem Autoentwickler Ferdinand Porsche wird der Chef der Panzer-Kommission.

Was daraus wurde

Porsche verstrickte sich immer tiefer ins NS-Regime. Er kümmerte sich wenig darum, wie er seine Aufträge erfüllte. Mehrfach forderte er Zwangsarbeiter an. Um eine Leichtmetallgießerei aufzubauen, kontaktierte er über einen Mittelsmann Reichsinnenminister Heinrich Himmler. Der stellte KZ-Häftlinge für die Baustelle ab. Im Gegenzug verspricht Porsche 4 000 Kübelwagen für die Waffen-SS. Ein Wort des Bedauerns über die Schicksale der von ihm eingesetzten Zwangsarbeiter verlor Porsche nicht. Wer, fragte Hitlers Lieblingsingenieur, könne sagen, er sei nicht dabei gewesen?

Kurz vor Kriegsende zog die Familie Porsche ins österreichische Zell am See, wo sie ein Anwesen besaß. Nach der Kapitulation Deutschlands im Main 1945 nahmen die Alliierten Ferdinand und Ferry Porsche zunächst fest. Nach Verhören wurden beide entlastet und kamen frei. Unter einem falschen Vorwand wurden sie kurz darauf nach Frankreich eingeladen, wo sie abermals inhaftiert wurden. Gegen eine Kaution wurde Porsche im August 1947 freigelassen.

Im Volkswagenwerk verzichteten die Briten nach dem Krieg auf Demontagen und nahmen schnell die Produktion auf. Die ersten Volkswagen waren zunächst den britischen Besatzern vorbehalten. Ab 1947 wurden die Autos zunehmend nach Westeuropa exportiert. Es folgte eine niemals wiederholte Erfolgsgeschichte. Über 20 Millionen VW-Käfer wurden gebaut: *das* Symbol des bundesdeutschen Wirtschaftswunders und der Grundstein für den Volkswagen-Konzern.

Lesetipp

Hans Mommsen, Das Volkswagenwerk und seine Arbeiter im Dritten
    Reich, Düsseldorf 1996.

1942

Berthold Beitz
Widerstand gegen das NS-Regime

1935	Die Nürnberger Rassengesetzgebung institutionalisiert die Verfolgung der Juden im nationalsozialistischen Deutschland.
1936	John Maynard Keynes veröffentlicht sein Werk *General Theory of Employment, Interest, and Money*. Es begründet die wirtschaftspolitische Ansicht von der Notwendigkeit einer aktiven Rolle des Staates im Wirtschaftsgeschehen durch öffentliche Investitionen und Stärkung der Nachfrageseite.
1938	Nach den Novemberpogromen (»Reichspogromnacht«) werden jüdische Betriebe und Geschäfte in Deutschland enteignet und Deutschen übertragen (»Arisierung«).
1942	Bei der »Wannsee-Konferenz« stimmen sich leitende Vertreter aus Ministerialbürokratie, SS, Polizei und Besatzungsbehörden über die längst in Gang befindliche »Endlösung der Judenfrage in Europa« in Vernichtungslagern ab.

Der Widerstandskämpfer

Der Großteil der deutschen Wirtschaftselite machte gemeinsame Sache mit den Nazis. Viele Nachkriegsunternehmen gründeten auf dubiosen Geschäften während des NS-Reichs. Eine der ganz wenigen Ausnahmen: Der Öl-Manager Berthold Beitz. Er rettete hunderte Juden.

Die letzten Meter ins Chaos muss er zu Fuß gehen. »Halten Sie an«, ruft Berthold Beitz von der Rückbank seinem Fahrer zu, während draußen Schüsse am Wagen vorbeiknallen. Fackeln zeichnen Umrisse ins Dunkel – genug, um von der Straße aus das Elend auf dem Bahnhofsvorplatz von Boryslaw zu erahnen. Beitz sieht Kinder in gestreiften Schlafanzügen unter einer Lampe. Ein merkwürdiges Licht, das immer mehr Gestalten anleuchtet, ausgemergelt, verschreckt. Es sind Menschen, die harren, geduckt, geduldig, demütig. Menschen, die ergeben schauen, ob sie gerettet oder in den Tod geschickt werden.

Beitz, der für Personal- und Ernährungsfragen zuständige Abteilungsleiter beim in Ostgalizien tätigen deutschen Erdölunternehmen Karpathen-Öl, springt aus dem Wagen, richtet den Hut und sticht die wenigen Schritte bis zur Absperrung. »Sie dürfen da nicht …«, ruft der Jüngling in der SS-Uniform, als er von Beitz schon nur noch den Saum des Mantels sieht, und senkt das Gewehr. Menschen schreien, Hunde bellen, Kinder weinen, als SS-Männer und Gestapo-Schergen unterstützt von ukrainischen Helfern jüdische Einwohner aus Boryslaw zum Bahnhof treiben. Es sind Kinder und Erwachsene, kaum bekleidet, mit Habseligkeiten unterm Arm, Kranke, Lahme. Leiber stürzen, Knochen bersten. Kinder verlieren ihre Eltern, ihr Leben.

Jetzt nur nicht die Fassung verlieren, nimmt Beitz sich ein letztes Mal vor. Die Beherrschtheit, das sichere Auftreten ist die einzige Waffe, die er, der Zivilist, in diesem Moment hat. So schreitet er auf den obersten SS-Mann zu und herrscht ihn an: »Das sind meine Arbeiter. Die sind kriegswichtig.« Uniformierte scharen sich um die beiden. Beitz gestikuliert, argumentiert. Es hilft alleine maximale Rationalität gegen diesen maximalen Wahnsinn. Beitz will in dieser August-Nacht 1942 verhindern, dass die Juden von Boryslaw der sicheren Vernichtung entgegenreisen – die Juden von Boryslaw, seine Mitarbeiter, manche gar seine Vertrauten. Sie sabotierten die Versorgung der Kriegswirtschaft mit Öl, wenn sie seine Arbeiter deportierten, hält er den Uniformierten vor. Und bekommt irgendwann Recht.

Beitz ruft nun laut, Inhaber von Arbeitsausweisen der Öl-Gesellschaft sollten sich melden. Verzweifelte Hilfeschreie schwellen vom Bahnsteig her an, ebenso aus dem Lagerschuppen nebenan, denn auch diese sind voll von Menschen: »Herr Direktor, ich arbeite doch«, »Herr Direktor, nehmen Sie mich«. Beitz geht am Zug entlang und ruft laut die Namen derjenigen, zu deren Rettung er gekommen ist:

»Frau Lockenspeiser«, »Frau und Sohn Klinghoffer«, »Frau und Kinder Egelberg«. Mehrfach hört Beitz nur durch Zufall die Gesuchten heraus. Er rettet Hella Klinghoffer, die nicht im Betrieb beschäftigt ist, Frau Lockspeiser und Emilia Engelberg. Die ganze Zeit über schreien Menschen aus den Luken des Waggons heraus; Beitz rettet, wen er retten kann. Wen er retten darf. »Arbeitsunfähige« Juden werden vor seinen Augen erschossen. Dennoch gelingt es Beitz an diesem August-Tag, etwa 150 Juden zu befreien.

Beitz, ausgerechnet Beitz, der doch eigentlich seit fast drei Jahren in den besetzten Ostgebieten für die deutsche Erdölwirtschaft arbeitet; eine der wichtigsten Branchen der Nazi-Kriegswirtschaft. Beitz aber ist nicht nur Manager, er bleibt in diesen Tagen auch Mensch.

Dem Wahnsinn Einhalt gebieten

Bereits am Abend des 6. August bemerkt Beitz, wie das Unheil heranrollt. SS-Einheiten, Schutzpolizisten und ukrainische Hilfstrupps durchstreifen den Ort, treten Türen jüdischer Wohnungen ein, plündern. Beitz wollte sich eigentlich auf eine Dienstreise begeben, war dann aber auf Bitten seines jüdischen Buchhalters vor Ort geblieben. Er wollte helfen können, im Falle der Fälle. Als die Aktion beginnt, verbietet er seinen jüdischen Mitarbeitern, das Büro zu verlassen, und versucht, beim örtlichen Polizeichef Wüpper dem Wahnsinn Einhalt zu gebieten. Gegen Mitternacht lädt Wüpper Beitz aufs Polizeirevier. »Die Waggons müssen rausgehen«, erklärt Wüpper. Beitz könne ja versuchen, seine Leute aus dem Transport zu holen.

Für Beitz ist dieser Tag eine Zeitenwende. Er hat die Nazis nie leiden können, sich aber mit ihnen irgendwie arrangiert. Und er hat sie für unausstehliche Großmäuler gehalten, aber nicht für solche, die eines organisierten Massenmords fähig wären. Nun ahnt Beitz: Die machen Ernst. Ein bisher kaum gekannter Hass breitet sich in ihm aus. Gegenüber einem Vertrauten sagte er, das sei »organisierter Raubmord«.

Das ist eine erste Wende im Leben dieses Mannes, der schon mit 27 Jahren als Ausnahmemanager gilt. Von Hause aus konservativ, ist Beitz bis dahin unpolitisch geblieben. Er lehnte ein Engagement bei der Wehrmacht ab, trat auch der NSDAP nicht bei, weiß aber bis dahin durchaus die Chancen des Systems zu nutzen.

Seit November 1939 machte er Karriere in der Erdölindustrie der besetzten Gebiete. Zunächst geschieht dies in Jaslo, einer Kleinstadt in Westgalizien südöstlich von Krakau, ab 1941 im ostgalizischen Boryslaw. Beitz ist dort mit 27 Jahren für eines der wichtigsten deutschen Erdölgebiete und 13 000 Arbeiter verantwortlich. Die Entscheidung des Personalchefs, Beitz nach Boryslaw zu schicken, war beim Skatspiel gefallen.

Berthold und Else Beitz bezogen ein kleines Haus und holten recht zügig ihre Tochter nach. In der ersten Hungerzeit beschaffte Beitz Lebensmittel, indem er einen polnischen Mitarbeiter auf dem Land Öl gegen Lebensmittel tauschen ließ. Milch, Butter, Gemüse: All das fehlte den Arbeitern. Jüdische Schwarzmarkthändler wurden mit der Beschaffung von Mangelwaren beauftragt und brachten irgendwann auch das Gewünschte. Beitz ahnte aber, dass das nicht reicht, und zog zudem eine autarke Versorgung auf: eine Handels-Genossenschaft, eine Schweinezucht, eine Bäckerei für die Werksangehörigen.

In Deutschland verschärften sich derweil die Angriffe der Alliierten auf die Öl-Industrie im eigentlichen Deutschen Reich. Die Erdölfelder in den besetzten Ostgebieten dagegen befanden sich außerhalb der Reichweite der westlichen Luftwaffen. Die Bedeutung der von den deutschen Ölunternehmen nach der Besetzung Polens und Ostgaliziens gegründeten Karpathen-Öl steigt, was eine wichtige Voraussetzung für Beitz' relative Unabhängigkeit ist.

Und Beitz wuchert gern mit diesem Pfund. So schreibt er an den SS- und Polizeiführer Thier: »Die BI Boryslaw ist die größte Betriebsinspektion der Karpathen Öl-AG mit 50 Prozent der Gesamtölförderung und 10000 Arbeitern. Die BI unterhält und verpflegt rund 80 Prozent der gesamten Bevölkerung in Boryslaw, das sind 23000 Menschen. Unser Betrieb hat eine eigene Bäckerei, Läden, Verkaufsstellen und Werksküchen. Außerdem gehören der Karpathen Öl AG das gesamte Licht-, Gas- und Wassernetz in Boryslaw sowie 700 eigene Häuser. Durch diese Zusammenfassung ist es möglich, die Hauptaufgabe, die Rohölförderung, konsequent durchzuführen.«

Die leise Drohung, die das Schreiben transportieren soll, lautet: Stört Ihr Uniformierten diesen Komplex, bricht eine der wichtigsten Säulen der deutschen Öl-Industrie weg. Keine Panzer mehr, die gen Osten rollen; keine Flieger, die gen Westen starten.

Nach der schlimmsten Nacht in Boryslaw geht am 8. August 1942 erneut das Gerücht um, Beitz werde zum Bahnhof eilen, um Juden zu befreien. Salek Linhard hatte zunächst seine Familie versteckt und dann seinen Vater gesucht, einen Kürschner, unter anderem bei Else Beitz, die ihn beschwört, bei ihr zu bleiben. Salek aber will seinen Vater aus der Sammelstelle am Bahnhof befreien. Der Versuch scheitert, der Junge wird eingesperrt. Als Beitz an der Verladestelle eintrifft, zerrt Salek seinen Vater an der Hand nach vorne. Sie sind mit die ersten, die vor Beitz stehen an diesem Tag. Als der SS-Wächter fragend schaut, antwortet Beitz: »Ja, der arbeitet bei mir.«

Darüber hinaus holt Beitz eine ganze Reihe von Juden zu sich, die er als Facharbeiter ausgibt. Beitz ist in solchen Momenten die Ruhe selbst. Schnell hat er raus, wie er gegenüber schreienden SS-Männern und selbstherrlichen Gestapo-Leuten die Kontrolle behält: durch ruhige Autorität. Er weiß in dem Moment, dass er das Richtige tut, und ist dort ganz bei sich.

Nach kurzem Feilschen bekommt Beitz auch den jungen Arthur Birman, den er von Reparaturen an seinem Haus kennt, frei und rettet auch Birmans Mutter als Fachkraft, die keine Ausbildung hat und arbeitslos ist. Aus dem Gärtner Samul Wegner wird ebenfalls ein Öl-Arbeiter. Über Erfolg oder Misserfolg seiner Mühen freilich entscheiden die SS-Männer vor Ort völlig willkürlich.

Von nun an sitzen vor dem Haus der Beitz' immer wieder Juden und flehen um Hilfe. Immer wieder versuchen Beitz und seine Frau auch über die Grenze des Legalen hinaus, einzelnen zu helfen, sie zu verstecken.

Beitz' Auftreten freilich hat eine geteilte Wirkung: Im Ort nennen ihn viele dankbar »Vater der Juden«, was ihn belastet; vor allem aber lebt Beitz nun in ständiger Gefahr vor Denunzianten. Tatsächlich formiert sich im Betrieb Opposition gegen Beitz. Ein Versuch, ihn über eine Einziehung zur Wehrmacht auszuschalten, scheitert im September.

Beitz ist unter den Deutschen in Boryslaw ein Außenseiter. Im Betrieb bildet er offiziell mit dem technischen Leiter Erich Radecke eine Doppelspitze. Radecke vermeidet offenen Streit, besetzt in seinem Bereich aber alle führenden Posten mit Nazis. Andererseits hilft er immer wieder logistisch bei Beitz' Versuchen, die jüdische Arbeiterschaft auf inoffiziellem Weg mit Lebensmitteln zu versorgen.

Denunzianten und Neider

Beitz hält sich von den Uniformträgern fern. Nur der österreichische Gestapo-Offizier Friedrich Dengg besucht die Familie Beitz gelegentlich. Beitz ärgert seine jüdische Köchin gerne im Vorfeld solcher Besuche: »Koch etwas ordentliches, sonst nimmt Dengg Dich mit.« Politisch schweigt man an solchen Abenden. Man spricht über Tennis, die Jagd, das gesellschaftliche Leben.

Doch Beitz lebt gefährlich. Bis hinauf in die Riege der leitenden Angestellten frisst sich die Skepsis über den Chef. Ende 1942 bekommt Beitz schließlich eine Vorladung von der Gestapo. Die Tür geht auf und als verantwortlicher Gestapo-Mann tritt ein – ein Jugendfreund von Beitz aus dessen Geburtsort Greifswald.

Der zeigt ihm einen Schrieb auf kariertem Papier: »Der Feldwebel der Reserve Beitz begünstigt Juden« ist dort mit Schreibmaschine geschrieben, unterzeichnet von Volksdeutschen aus Boryslaw, Geschäftspartnern und Mitarbeitern von Beitz. Der Gestapo-Mann zerknüllt das Papier, nimmt Beitz für drei Tage *pro forma* in Haft und lässt ihn ziehen. Fortan ist von »besten Beziehungen« Beitz' bis zu SS-Führer Heinrich Himmler die Rede, weswegen er sich erlauben könne, was er wolle. Dabei ist es die Aufgabe, nicht der Mensch, die die Nazis davor zurückschrecken lässt, Beitz ernsthaft zu verfolgen. Er hat seine Firma einfach zu gut im Griff.

So gelingt es ihm auch nach vielem Hin und Her, die Juden im Betrieb als kriegswichtig einzustufen. Am Ende eskaliert er den Streit darüber mit Gestapo und SS bis zu Himmler. Der verfügt, Juden dürften erst dann aus der Erdölindustrie abgezogen werden, wenn Ersatz bereit stünde. Himmler warnt aber auch: Er werde »unnachsichtlich gegen alle vorgehen, die mit vorgetäuschten Rüstungsinteressen lediglich die Juden und ihre Geschäfte unterstützten«. Für die Beitz-Juden aus Boryslaw ist das ein Aufschub, immerhin.

Mit seinen jüdischen Mitarbeitern im Betrieb pflegt Beitz einen jovialen Umgangston, ebenso mit Polen. Auch bei seinen direkten Mitarbeitern legt er Wert auf einen anständigen Umgang mit den Verfolgten. So erreicht er einiges. Noch während des Kriegs schreibt eine Gruppe jüdischer Widerständler über Beitz in die USA. »Die für die Ölproduktion verantwortliche Person, ein deutscher Zivilist, war geneigt, das Leben von zweitausend jüdischen Gefangen aus Rücksicht auf die Ölproduktion zu schonen. Er brauchte sie dringend. Aus demselben Grund waren die Lebensbedingungen der jüdischen Arbeiter im Lager Boryslaw erträglicher als anderswo.«

Die Zahl, das erweist sich in den letzten Kriegstagen, ist womöglich zu hochgegriffen. Vermutlich sind es am Ende etwa 150 Leben, die Beitz – neben Würde und Anstand – direkt rettet. Viele seiner Leute holt er zwei- oder dreimal aus dem Transport. Anderen kann er schließlich beim dritten oder vierten Versuch, sie abzutransportieren, nicht mehr helfen.

Und manchen ergeht es wie seiner Sekretärin, die er an einem dieser Augusttage 1942 in einem Waggon entdeckt. Als Beitz sie herausgeholt hat, fragt sie: »Mit Verlaub: Ist es erlaubt, meine Mutter herauszuholen?« »Ja, hol sie heraus, komm«, sagt Beitz. Ein SS-Mann nähert sich und fragt: »Was ist das denn?« Worauf Beitz antwortet: »Die arbeitet bei mir.« »Was? Die alte Frau?", fragt der SS-Mann. »Ja, das ist die Mutter.« Das reicht nicht, die Frau muss zurück in den Waggon. Worauf die Sekretärin reagiert: »Ist es erlaubt, Herr Direktor, dann gehe ich auch zurück.«

Was daraus wurde

Berthold Beitz' Engagement für jüdische Arbeitskräfte blieb eine große Ausnahme in der deutschen Wirtschaft. Lediglich der Industrielle Oskar Schindler machte sich ähnlich verdient. Der große Rest der deutschen Industrie profitierte maßgeblich von der Politik der Nationalsozialisten. Vermeintlich »große« Nachkriegs-Unternehmer wie Herbert Quandt oder August Oetker waren tief in die mörderischen

Strukturen der Nazis verstrickt, die meisten von ihnen leugneten dies freilich bis zum Tod.

Dass Gewissen und Gewinn einander nicht ausschließen, zeigt Beitz' Nachkriegskarriere. Er wurde einer der bedeutendsten Manager der Bundesrepublik. Der Ruhr-Industrielle Alfried Krupp, selbst in der Nazi-Zeit nicht unbelastet, machte Beitz in der Nachkriegszeit zum Generalbevollmächtigten der Krupp-Werke. Nach Krupps Tod blieb Beitz dessen Nachlassverwalter.

Beitz war als Vorsitzender der Krupp-Stiftung bis zu seinem Tode im Jahr 2013 der mächtigste Mann des Krupp-Konzerns. Über Jahre war Beitz auch politisch aktiv, pflegte unter anderem zu Hochzeiten der jeweiligen Spannungen enge Kontakte zum Iran und in die Sowjetunion. Kritiker bemängeln, dass Beitz sich zu spät um eine Nachfolge für sich selbst kümmerte und somit die zwischenzeitliche Krise des Thyssen-Krupp-Konzerns mit verursachte.

Auf Druck der ersten rot-grünen Bundesregierung (1998–2005) verhandelte der Großteil der deutschen Wirtschaft erstmals ernsthaft über eine finanzielle Entschädigungslösung für das zwischen 1933 und 1945 aktiv begangene Unrecht.

Klagen ehemaliger Zwangsarbeiter vor US-amerikanischen Gerichten gegen deutsche Unternehmen, die sie einst beschäftigt hatten, führten im Jahr 2000 zur Gründung der Stiftung »Erinnerung, Verantwortung und Zukunft«, die von der Bundesregierung und der »Stiftungsinitiative der deutschen Wirtschaft« (mit über 6 000 beteiligten Unternehmen) mit jeweils 5 Milliarden D-Mark ausgestattet wurde. Zwischen Juni 2001 und Juni 2007 wurden 4,37 Milliarden Euro an Entschädigungen ausgezahlt; 1,66 Millionen Zwangsarbeiter (oder ihre Erben) erhielten dabei Beträge bis zu 7 500 Euro.

Lesetipps

Joachim Käppner, *Berthold Beitz. Die Biografie*, Berlin 2010.

Thomas Sandkühler, *»Endlösung« in Galizien. Der Judenmord in Ostpolen und die Rettungsinitiativen von Berthold Beitz 1941–1944*, Berlin 1996.

Bernd Schmalhausen, *Berthold Beitz im Dritten Reich*, Essen 1991.

1948

Edward Tenenbaum
Einführung der D-Mark

1945 Der Zweite Weltkrieg endet in Europa mit dem Selbstmord Hitlers und der bedingungslosen Kapitulation des nationalsozialistischen Deutschen Reiches. Er fordert 60 Millionen Todesopfer.

1945 Atombomben-Abwürfe der US-Luftwaffe auf die japanischen Städte Hiroshima und Nagasaki führen zu Hunderttausenden Todesopfern und einer nie gekannten Zerstörung.

1945/46 In den vier alliierten Besatzungszonen gründet sich die CDU. Sie entwickelt sich zur ersten Volkspartei neuen Typs und leitet damit die Abkehr von dem bis dahin entlang von Milieus und Konfessionen »versäulten« Parteiensystem in Deutschland ein.

1946 Der von den Alliierten in Nürnberg geführte Haupt-kriegsverbrecherprozess gegen die Spitzen der NS-Führung begründet die völkerrechtliche Tradition einer internationalen Strafgerichtsbarkeit bei Völkermord, Kriegsverbrechen und dem Führen von Angriffskriegen.

Die Väter der D-Mark

Nach dem Zweiten Weltkrieg brauchten die Deutschen eine neue Währung. Vor allem die amerikanischen Besatzer legten die Grundlage dafür – ganz ohne deutsche Unterstützung wollten sie das Geld dann aber doch nicht einführen.

Der Vormittag ist den Herren mal wieder aufs Gemüt geschlagen, da unterscheidet sich dieser 11. Mai des Jahres 1948 kaum von den Vormittagen am 10. Mai, am 9. Mai und auch nicht von dem des 8. Mai. Detail über Detail sind sie durchgegangen, haben sich über Sparkonten, Lebensmittelpreise und Versicherungsansprüche irgendwann so verheddert, dass es schwer möglich erscheint, es den Herren vom amerikanischen Militär recht zu machen. Und die haben hier das Sagen. Schließlich sind sie, die 25 deutschen Währungsexperten und Politiker, hier zusammengekommen, um auf Geheiß der Amerikaner eine neue Währung zu entwickeln.

Der Zeiger der Wanduhr rückt auf nachmittägliche drei Uhr zu, als die Tür aufschwingt. Begleitet von zwei Generälen, stürmt dieser 27-jährige US-Leutnant in den Raum, den die Deutschen hier etwas schnöselig finden. Edward Tenenbaum, der Mann, der den Deutschen eine neue Währung bescheren möchte. Tenenbaum hat noch nicht ganz Platz genommen, da erhebt einer aus dem Kreis der Deutschen die Stimme, ein untersetzter Herr mit dünnem Haar und sattem Organ, der den Wortführer der Deutschen gibt. »Sie spalten«, wirft Ludwig Erhard dem Amerikaner vor, »ein sinnvolles Gesamtprogramm in einzelne Teile auf. Wie Sie die deutsche Bevölkerung mit nur 25 Mark pro Kopf versorgen wollen, ist unsozial.« Und weil der deutsche Währungsfachmann gerade so schön in Fahrt ist, hält er dem jungen Leutnant auch gleich noch einen Vortrag über die Wechselwirkung von Deflation und Inflation. Die Tirade endet mit der Feststellung, Tenenbaums Pläne taugten leider nichts.

Tenenbaum steht von seinem Stuhl auf und beginnt eine Erwiderung, die nicht annähernd so lange dauert wie Erhards Ausführungen und doch klarstellt, wie er, Tenenbaum, sich die Arbeitsteilung zwischen der US-Seite und den Deutschen vorstellt: »Die Aufspaltung des Plans ist notwendig. Außerdem weisen Sie einfach alle Vorschläge als widersprüchlich zurück.« Fazit: Man komme hier nur weiter, wenn die Amerikaner die Pläne entwerfen und die Deutschen sie umsetzen.

Eineinhalb Stunden dauert der Wortwechsel zwischen Tenenbaum und Erhard. Um 16.30 Uhr bitten die Deutschen, sich untereinander beraten zu dürfen, woraufhin die Alliierten die Sitzung verlassen.

Dabei drängt in diesen Tagen die Zeit. Die wirtschaftliche Lage in Deutschland im Frühsommer 1948 lässt eigentlich keinen Streit zwischen den Alliierten und den deutschen Verantwortungsträgern zu. Die alte Reichsmark ist fast nichts mehr wert. Auf den Straßen im zerbombten Rest des Deutschen Reichs spottet man, selbst die Hühner legten für deutsches Geld keine Eier mehr. Statt mit Reichsmark zahlt man in Hamburg, Frankfurt am Main oder München mit amerikanischen Zigaretten. Die nationalsozialistische Staats- und Kommandowirtschaft wird durch eine Tauschwirtschaft ersetzt. Produktion und Handel stagnieren. Die Amerikaner sind besorgt. Eine neue Währung soll die Rettung bringen, doch will eine solche Reform sorgfältig vorbereitet sein: Sie muss sitzen, denn scheitert der erste Versuch, droht größeres wirtschaftliches Chaos.

Fünf Parteien, fünf Ideen

Die Ausgangslage ist kompliziert: Im Idealfall stimmen fünf Parteien dem Plan für eine neue Währung zu – die vier Besatzungsmächte und die Deutschen. Die Russen aber, die immerhin ein Viertel des Landes kontrollieren, wollen keiner kapitalistischen Lösung zustimmen. Franzosen und Briten, die mit den Amerikanern weitgehend kooperieren, wollen Deutschland vor allem wirtschaftlich kleinhalten. Die langsam wieder in Amt und Würden kommenden deutschen Politiker und Beamten wollen vor allem möglichst viel ihrer privaten Ersparnisse in die neue Zeit retten.

Wegen dieses Gezerres geht seit 1946 nichts voran. Dabei hatten die Amerikaner da schon Experten nach Deutschland entsandt, die einen Plan für die Währungsreform erarbeiten sollten. So entstand am 20. Mai, benannt nach seinen Autoren, der Colm-Dodge-Goldsmith-Plan, der bereits die Grundzüge einer neuen Währung skizzierte.

Weil die Beteiligten ihre Streitigkeiten nicht beilegen, ist den Amerikanern irgendwann im Winter 1947/48 klar: So wird das nichts. Und sie machen sich an die eigenhändige Umsetzung eines Konzepts nach ihren Wünschen. 1947 gründen sie die »Sonderstelle Geld und Kredit« in Bad Homburg, deren Chef Erhard wird. Er bringt ein theoretisches Gerüst mit, das denen der Amerikaner ähnelt. Vor allem tritt Erhard für einen harten Schnitt mit der Reichsmark ein.

Im März 1948 einigt man sich auf ein zweistufiges Zentralbanksystem mit rechtlich selbstständigen Landeszentralbanken in den einzelnen Ländern und der Bank deutscher Länder in Frankfurt. Damit sind alle Strukturen für eine Währung geschaffen – jetzt muss eine Idee her, wie man den Deutschen die Reform als ihre eigene Reform verkaufen kann. Wer identifiziert sich schon mit einer Währung, die ihm ein Besatzer aufgezwungen hat?

Am 20. April 1948, wenige Tage vor dem Wortduell Erhards mit dem US-Leutnant, lässt deswegen der höchstrangige US-General in Deutschland, Lucius D. Clay, 25 deutsche Finanzexperten eine Reise mit unbekanntem Ziel antreten. Um 19.30 Uhr hält ein bewachter Bus an einem Treffpunkt in Bad Homburg. Dorthin hat Clay die führenden deutschen Finanzexperten und -politiker, einen Koch aus Wien, zwei Schreibkräfte, Kellnerinnen und Zimmermädchen sowie eine Friseurin kommen lassen. Die Deutschen sollen das Gefährt, das durch US-Soldaten abgeschirmt und durch Mattscheiben abgedunkelt ist, besteigen.

Colonel Emory Stoker hat das Kommando und befiehlt, einen Weg gen Nordosten einzuschlagen. Kurz vor Mitternacht erreicht der Bus sein Ziel: ein durch Stacheldraht geschütztes wuchtiges Haus an einem waldigen Abhang, das »Haus Posen« der Kaserne von Rothwesten bei Fulda.

Die Deutschen steigen aus und werden zu ihren Unterkünften geführt. Der Chef des gerade formierten Zentralbankrats, Karl Bernhard, stapft vorweg, der Rest hinterher. Man ist empört. Nicht nur über die Nacht- und Nebelaktion, auch über die Unterkunft, die man ihnen gerade vorstellt: Militärpritschen, Gemeinschaftswaschräume. Es gibt kein Telefon, und Briefe dürfen die Deutschen auch nicht schreiben. Stoker lässt schließlich in Butter gedünstete Gurken auftragen, um die Gemüter zu beruhigen. Dann verkündet er den Auftrag: Die Deutschen werden hier im hessischen Niemandsland so lange festgehalten und von jedem Kontakt nach außen abgeschirmt, bis sie sich mit der amerikanischen Abordnung vor Ort auf einen Plan für eine Währungsreform geeinigt haben.

Nach der Eskalation zwischen Erhard und Tenenbaum dauert es an jenem 11. Mai Stunden, bis die Amerikaner aus der Zwangspause zurückkehren. Beide Seiten versichern sich, nun wirklich nicht vom jeweiligen Standpunkt abrücken zu können. So vergeht halbe Stunde um halbe Stunde, bis ausgerechnet der Jüngste im Saal, Tenenbaum, einen nahezu weisen Vorschlag unterbreitet. »Ich werde Ihre Bedenken bei Clay vorbringen«, bietet Tenenbaum mit Blick auf sein Oberkommando an. »Im Gegenzug aber versprechen Sie, dass wir bis zu einer Reaktion auf Grundlage unserer Vorschläge weiter verhandeln.«

Die Deutschen stimmen zu – ob aus Überzeugung oder angesichts der fortgeschrittenen Stunde, bleibt offen. Spätestens jetzt aber ist klar: Wenn einer diese Konferenz zu einem guten Ende bringt, dann Tenenbaum. »Tannenbaum«, haben die Deutschen ihn zu Beginn des »Konklave« spöttisch genannt. Nun wächst der Respekt: Dieser 27-Jährige ist nicht nur schlau, er kann auch verhandeln.

Der Amerikaner, der die Mark erfand

Tenenbaum ist ein 1921 in New York geborener Sohn jüdischer Emigranten aus Polen. Er wurde 1942 in Yale mit der Arbeit *Nationalsozialismus gegen internationalen Kapitalismus* promoviert. Während der letzten Kriegsjahre diente er als Leutnant der Air Force in England, Frankreich, Belgien und Deutschland. Als die Amerikaner das KZ Buchenwald befreiten, war er der erste Offizier, der das Grauen entdeckte. Mitte 1945 wurde er zur *Finance Division* der amerikanischen Militärregierung in Deutschland entsandt. Dort wurde die Währungsreform seine neue Mission. Dass die Amerikaner ausgerechnet Tenenbaum vertrauten, war Zufall. Der junge Mann verfügte zu Beginn weder über Erfahrung im Geld- noch im Währungswesen.

Im November 1947 hatten sich Tenenbaum und Erhard zum ersten Mal getroffen. Tenenbaum beeindruckte den deutschen Gelehrten mit Sicherheit und Fachkenntnis. Er drängte, die Währungsreform müsse sofort kommen. Erhard stimmte zu, pochte aber darauf, dass die Deutschen die konkreten Details der Reform bestimmen dürfen müssten. Vor allem aber formulierte Erhard die Angst der Deutschen vor Inflation: »Die Währungsreform wird dann psychologisch als gelungen betrachtet werden können, wenn wir sie güterwirtschaftlich untermauern können.«

Erhard legte dazu gemeinsam mit weiteren Deutschen 1947/48 den »Homburger Plan« vor. Sein Kern: die Beseitigung des Geldüberflusses, die Stabilisierung der öffentlichen Haushalte und die Planung einer soliden Kreditpolitik. Erhard war sehr zufrieden mit sich, Tenenbaum allerdings eher weniger – er ignorierte den Plan, da er ihn für unausgewogen und zu wenig radikal hielt.

In Rothwesten nun will Tenenbaum seine Skepsis in Form gießen. Schnell verdeutlicht er den Deutschen, dass ihr Plan allenfalls in Nuancen überleben werde. Tenenbaum zieht einen Plan aus der Tasche, den er zuvor mit den britischen und französischen Partnern verhandelt hat. Den Deutschen stockt der Atem. Erwin Hielscher raunt seinen Nebenmannen zu: »Eine strenge Lösung wird durch Besatzungsmächte aufoktroyiert werden.«

Tenenbaums Botschaft ist unmissverständlich: Entweder ihr macht bei dem Plan mit oder wir ziehen ihn alleine durch, dann ohne jeglichen Eurer Einwände. In den nächsten Tagen versteht es Tenenbaum, das Gremium vor sich her zu treiben. Dabei ist er gegenüber allen Anwesenden in einem großen Vorteil: Tenenbaum spricht alle drei anwesenden Sprachen fließend. Trotz aller scharfen Worte aber vergisst Tenenbaum nicht, die Deutschen am Ende mitzuziehen. Viele Deutsche in Rothwesten schimpfen zwar nach außen auf Tenenbaum und sein »herrisches« Auftreten, erkennen aber innerlich an, dass der Mann seine Sache nicht schlecht macht. Als »intellektuelles Bindeglied« zwischen deutschen Experten und dem US-Kommando um General Clay bezeichnet ihn ein deutscher Währungspolitiker.

Der Streit zwischen Tenenbaum und den meisten Deutschen dreht sich vor allem um die Höhe der Erstattungsbeträge für die deutsche Bevölkerung sowie die Umstellung von Schulden. Die deutschen Experten haben vor allem eine Sorge: dass die Amerikaner die Westdeutschen zu großzügig mit D-Mark ausstatten. Die Geldstabilität der neuen Währung scheint ihnen gefährdet, wenn man die neue Mark nicht von Beginn an möglichst knapp hält.

Für Tenenbaum sind das Details. Und von Details wollen sich die Amerikaner ihren großen Wurf nicht verderben lassen. Also versucht er, was ein guter Verhandler versucht: mit viel Kosmetik das Ergebnis auch für die Gegenseite hübsch aussehen zu lassen, ohne einen Millimeter von seinem grundsätzlichen Entwurf abzuweichen. Immer wieder baut Tenenbaum Details, insbesondere aus Erhards »Homburger Plan«, ein, vor allem bei organisatorischen Fragen. Neben Engländern und Franzosen stören vor allem einige deutsche Exoten die zunehmend bessere Zusammenarbeit zwischen Tenenbaum und Erhard. Erwin Hielscher und Max Schönwandt fallen immer wieder durch Zwischenrufe auf. Beide gelten schnell als Kauze – auch deswegen, weil sie als einzige Teilnehmer ohne Krawatte auflaufen. Hielscher schwänzt die Gespräche einfach irgendwann komplett.

Freilich schwanken nicht nur die Deutschen. Auch die Amerikaner überarbeiten ihren Standpunkt immer wieder aufs Neue. Erst ist man sich mit den Deutschen einig, man wolle eine »radikale und globale Reform« der deutschen Wirtschaft, wie Tenenbaum es ausdrückt – also auch ein völliges Neujustieren von Löhnen, Mieten, Pachten, Versicherungen und Schulden. Als ein Kompromiss in Sicht ist, kommt neue Order aus Washington: Man wolle lieber eine einfache Reform, die nur Geldscheine und Bankkonten berücksichtige. Als Clay und Tenenbaum entgegnen, dann könne Washington ja auch direkt selbst mit den Deutschen verhandeln, lenkt die Hauptstadt-Administration ein.

Dennoch muss Tenenbaum am Ende auf einige seiner Radikalforderungen verzichten. Vor allem Erhard nimmt vielen Vorschlägen die Schärfe, indem er immer die Konsequenzen für die Beschäftigung der Westdeutschen und den Konsumsektor im Blick hat. Während das Konklave tagt, hat die US-Regierung seit Herbst 1947 längst Banknoten drucken lassen. Die Vorbereitungen für deren Transport laufen während des Konklaves längst auf Hochtouren: 23 000 Kisten werden in den USA gepackt und auf Schiffe nach Deutschland verfrachtet. »Bird Dog« nennen die Amerikaner die Aktion, die größte logistische Leistung seit der Landung in der Normandie.

Offene Opposition

In Rothwesten geht die Arbeit der deutschen und amerikanischen Spezialisten mittlerweile etwas besser voran, es ist nun Anfang Juni. Die Deutschen haben sich in ihre Rolle gefügt, nur noch wenige opponieren offen. Schließlich einigt man sich auf ein Ergebnis: Die Reichsmark wird ungültig. Jeder in den drei Westzonen kann sein Kopfgeld von 40 D-Mark im Verhältnis 1:1 eintauschen, im August gibt es weitere 20 Mark. Firmen erhalten einen Geschäftsbetrag von

60 D-Mark je Arbeitnehmer, Länder und Gemeinden eine Erstausstattung in Höhe ihrer durchschnittlichen Monatseinnahmen während der vergangenen sechs Monate. Die Sparer werden enteignet, ihr Guthaben auf 6,5 Prozent reduziert. Besitzer von Sachmitteln dagegen kommen glücklich davon.

Dennoch einigen sich Amerikaner und Deutsche in vielen Punkten nicht. Der wichtigste ist die Kopplung der Währungsreform an einen Lastenausgleich. Die Grundbesitzer und Firmeneigentümer hätten nach Ansicht der Deutschen ebenfalls einen Beitrag leisten müssen. Die Amerikaner lehnen das als »sozialistisch« ab.

An dieser Stelle spiegelt sich Tenenbaums Skepsis gegen jede Form staatlichen Einflusses auf Unternehmen wider. Die Indienstnahme der Wirtschaft für staatliche Interessen hielt er für ein wesentliches Merkmal des Nationalsozialismus. Alles, was ihn daran erinnerte, wollte er aus den Grundzügen der neuen Währung heraushalten. Die Deutschen sahen das etwas nüchterner: So habe man es doch bei der letzten Währungsreform von 1923 auch gehandhabt. Doch vergeblich.

Etwas überraschend veröffentlichen die Deutschen, als der Pakt steht, am letzten Tag des Konklaves, dem 8. Juni, eine Erklärung. Es ist die totale Absicherung dagegen, von den Mitbürgern für ein eventuelles Scheitern später verantwortlich gemacht zu werden, indem man für alles die US-Seite verantwortlich erklärt. »Die Ausarbeitung der Entwürfe bedeutet nicht, dass die darin vorgesehenen Maßnahmen inhaltlich in allen wesentlichen Punkten die Zustimmung der deutschen Sachverständigen gefunden hätten.« Gleichwohl schätze man es, dass man sich habe beteiligen dürfen. Dennoch: »Die drei Besatzungsmächte tragen für die Grundsätze und Methoden der Geldreform in ihren Zonen die alleinige Verantwortung.«

Tenenbaum ist das egal. Er hat sich mit seinen wesentlichen Ideen durchgesetzt. Selbst den Namen der neuen Währung hat er festgelegt: »Die Alternativen Mark, Taler, Batzen, Neumark, Goldmark, Schilling, Warenmark, Kaufmark sind keine Alternativen«, bescheidet er.

Und was wird aus den beiden Duellanten jenes 11. Mai? Ludwig Erhard macht sich das Konzept der Währungsreform schnell zu eigen. Die Spannungen sind bald vergessen. »Gute Stimmung« habe in Rothwesten geherrscht, verrät er einem Vertrauten. Und Tenenbaum? Der zieht weiter. Nach 1948 arbeitete er an der Planung der europäischen Zahlungsunion mit und war 1952 als Berater der amerikanischen Regierung in Griechenland. Wie die meisten Mitarbeiter von General Clay erhielt er nach seiner Rückkehr in die USA 1954 keine neuen Aufgaben von der Regierung. Er gründete eine kleine Beratungsfirma in Washington. Seit 1952 hat er Deutschland nie wieder besucht.

Was daraus wurde

Die in Rothwesten verhandelten Rahmenbedingungen schufen die Grundlage für eine der erfolgreichsten Währungen der Nachkriegszeit. Insbesondere die Verpflichtung, die Deutsche Bundesbank unabhängig von der Politik zu führen, erwies sich als Stabilitätsgarant. So avancierte die Mark zur stabilsten Währung in Europa. Das machte sie beliebt:

Selbst 15 Jahre nach ihrem Ende ermittelte das Umfrageinstitut Forsa, dass noch immer 53 Prozent der Deutschen die D-Mark für die bessere Währung halten.

Schon wenige Jahre nach dem Konklave konnten die seinerzeit noch skeptischen deutschen Vertreter nicht schnell genug darin sein, sich als »Väter der D-Mark« zu inszenieren. Insbesondere der damalige Leiter der »Sonderstelle Geld und Kredit«, Ludwig Erhard, avancierte in der Nachkriegszeit zur wirtschaftspolitischen Leitfigur der Westdeutschen. Als Bundeswirtschaftsminister gilt er als der Begründer der »sozialen Marktwirtschaft« und Vater des »Wirtschaftswunders« der 1950er und 1960er Jahre. Der US-Leutnant Edward Tenenbaum dagegen geriet in Vergessenheit. Er starb, bevor er seine Memoiren als Buch veröffentlichen konnte.

Viele der währungs- und geldpolitischen Erfahrungen, die man in Rothwesten und bei der Konstruktion der Mark gesammelt hatte, wurden später bei der Währungsreform in den 1990er-Jahren zum Euro übernommen: Auch dort wurde die Unabhängigkeit der Zentralbank festgeschrieben, so dass auch die EZB in erster Linie der Preisstabilität zu dienen hat.

Lesetipps

Michael Brackmann, *Vom totalen Krieg zum Wirtschaftswunder. Die Vorgeschichte der westdeutschen Währungsreform 1948*, Bochum 1993.

Arne Weick, *Homburger Plan und Währungsreform: kritische Analyse des Währungsreformplans der Sonderstelle »Geld und Kredit« und*

seiner Bedeutung für die westdeutsche Währungsreform von 1948,
Frankfurt am Main 1998.

1953

Hermann Josef Abs
Abschluss des Londoner Schuldenabkommens

1949 Auf dem Gebiet der drei Westzonen wird die Bundesrepublik Deutschland gegründet, in der sowjetisch besetzten Zone (»Ostzone«) konstituiert sich die Deutsche Demokratische Republik.

1951 Der Deutsche Bundestag verabschiedet das Gesetz zur Montanmitbestimmung – ein Grundpfeiler der den Prinzipien der »sozialen Marktwirtschaft« verpflichteten Wirtschaftsordnung der jungen Bundesrepublik.

1951 Die Europäische Gemeinschaft für Kohle und Stahl steht am Beginn des Prozesses der europäischen Integration.

1953 Reallohnkürzungen führen in der DDR zum Aufstand von Arbeitern gegen die Alleinherrschaft der sozialistischen SED, die ihn mit Unterstützung der sowjetischen Schutzmacht mit Gewalt niederschlagen lässt.

Mit Witz, Charme und Melone

Fast jedes Mittel ist dem eleganten Bankier Hermann Josef Abs recht, um Deutschland wieder kreditfähig zu machen – selbst ein Reim entfaltet ungeahnte Wirkung. In London handelt er so die Schulden der Bundesrepublik um die Hälfte herunter.

London, der 28. Februar 1952, das *Lancaster House.* Selbstbewusst schreitet ein eleganter Herr mit strengem Seitenscheitel und dunkelblondem Schnauzbart durch die kunstvolle Treppenhalle: Hermann Josef Abs, deutscher Bankier und Wirtschaftslenker, Verhandlungsführer bei der Schuldenkonferenz, die in wenigen Minuten beginnen wird. An Abs' Seite ist eine Gruppe von Herren in Anzügen, darunter Direktor Walter Schwede von den Vereinigten Stahlwerken, ebenso wie Direktor Ridderbusch von RWE und Doktor Boden von der AEG. Über den roten Teppich geht es vorbei an der Galerie aus Steinsäulen des Herrenhauses von anno 1825. Abs ist Leiter der deutschen Delegation bei der Schuldenkonferenz von London.

Es geht um 300 000 einzelne Schuldfälle. Kanzler Adenauer hatte erklärt, die junge Nation sei im vollen Umfang als Nachfolger des Deutschen Reiches anzusehen – und übernehme sämtliche Altschulden. Hinzu kommen die Schulden aus der Wirtschaftshilfe, die seit der deutschen Kapitulation geleistet wurde, ein Berg von fast 30 Milliarden Mark. Abs, so hat es ihm der Kanzler aufgetragen, soll das Vertrauen in Deutschland wiederherstellen. Es geht um die Kreditwürdigkeit, die Stärkung der D-Mark, um die Zukunft der jungen Republik.

In bestem Englisch eröffnet Abs im großen Spiegelsaal die Verhandlungen mit einem Versprechen: Die Bundesrepublik wolle eine umfassende und endgültige Regelung des Schuldenproblems finden. »Es wird darauf ankommen, in den Kreis unserer Erörterungen neben den Vorkriegsschulden auch die Gesamtheit aller übrigen gegen Deutschland erhobenen Forderungen einzubeziehen«, sagt er – und blickt ernst über die Halbgläser seiner Brille hinweg.

Abs macht sich wenig Illusionen: Am Ende der Konferenz wird er als Verlierer dastehen. Wie hatte es ihm Bundesfinanzminister Schäffer doch so treffend zugerufen? »Abs, wenn Sie es schlecht machen, werden Sie an einem Apfelbaum aufgehängt. Wenn Sie es gut machen, an einem Pflaumenbaum.« Andererseits: Die Mission ist eine Chance, die Schatten der Vergangenheit zu vertreiben. Es ist eine anspruchsvolle Aufgabe, eine Abs-Aufgabe. Wer sonst sollte das schaffen?

Melone, Bowler, Dreiteiler

Konrad Adenauer, der erste Kanzler der jungen Bundesrepublik, hat ihn vor einem Jahr um Hilfe herbeigerufen. Es ist das Deutschland nach dem Zweiten Weltkrieg, 1951, ein durch die Nazi-Diktatur geschundenes Land. Um den Wiederaufbau zu stemmen, braucht Deutschland dringend Geld aus dem Ausland. Finanzspritzen fließen seit dem Kriegsende 1945 nach Westdeutschland. Doch jetzt ist Schluss damit. Es gibt keine neuen Kredite, das haben die Amerikaner klargemacht, solange nicht die Frage der alten Schulden geklärt wird. Adenauer hat für die Verhandlungen seinen Vertrauten ausgeguckt: den katholischen Rheinländer Abs.

Es ist nicht so, als hätte Abs nichts anderes zu tun. Der von sich selbst überzeugte, elegante Bankier hat als Vorstandssprecher der Kreditanstalt für Wiederaufbau darüber zu befinden, an welche Unternehmen die bislang geflossenen Fördergelder verteilt werden. Zudem sitzt er in verschiedenen Aufsichtsräten, bei der BASF, der Dortmund-Hörder Hüttenunion AG, den Phoenix-Gummiwerken in Hamburg, der Zellstofffabrik Waldhof in Mannheim – und dann ist da ja noch der Verwaltungsratsposten bei der Deutschen Bundesbahn. »Was«, fragt Abs gern, »ist der Unterschied zwischen einer Hundehütte und einem Aufsichtsrat?« – um sogleich die Antwort mitzuliefern: »Die Hütte ist für den Hund, der Aufsichtsrat für die Katz.«

Doch dieses Bonmot gilt, da ist sich Abs sicher, für alle Aufsichtsräte. Nur nicht für ihn selbst. Elf Stunden Arbeit am Tag, auch am Samstag und Sonntag, sind normal. Immerhin geht es ja darum, die Dinge in Ordnung zu bringen. Seine Frau Inez und die Kinder Thomas-Vincent und Marion Claude schauen, wenn sie am heimischen Esstisch sitzen, häufig auf einen leeren Stuhl.

Jetzt also die Auslandsschulden: Abs macht zunächst bei Vertretern der drei Westmächte gut Wetter, vor allem mit den Briten und Amerikanern versteht sich Abs. Immerhin spricht er von Kindesbeinen an Englisch. Wie sehr liebt er das britische Understatement, die kühlen bedachten Bewegungen, die gewählte Sprache. Und auch, was die Kleidung anbelangt, muss er sich nicht hinter einem konservativen britischen Gentleman verstecken. Die Melone, den Bowler, trägt er ebenso wie den Dreiteiler mit Einstecktuch sowie Anzug und Mantel aus gleichem Stoff.

Es knirscht im Getriebe

Doch noch bevor die Abs'sche Mission überhaupt beginnen kann, wird sie empfindlich gestört. Adenauer! Dieser große, alte Mann. Heimlich, ohne Absprachen mit dem Parlament oder Abs, hatte Adenauer dem Vorsitzenden des Jüdischen Weltkongresses, Nahum Goldmann, ein Versprechen gemacht: Die Forderung der Juden von 1,5 Milliarden D-Mark als Wiedergutmachung für die Verbrechen durch die Nazis seien Grundlage für weitere Verhandlungen.

Abs ist außer sich und setzt einen Brief auf. Sonderverhandlungen mit einzelnen Gruppen, noch bevor die Schuldenkonferenz begonnen hat, sind in seinen Augen nicht möglich. Wie soll er da verhandeln? Die Situation spitzt sich zu. Er könne, schreibt Abs dem Kanzler schließlich, seinen »Auftrag […] nicht erfüllen«. Er droht mit dem Rücktritt.

Die Haltung des Bankiers sickert bis zur israelischen Seite durch. Dort sehen ihn viele als »Spokesman of the bad Germans«, den Sprecher der bösen Deutschen. Israelische

Journalisten beschreiben Abs' Rolle im »Dritten Reich«, wo er als Chef der Deutschen Bank eine entscheidende Position im Unterdrückungs- und Eroberungsapparat eingenommen habe. Die Vergangenheit holt Abs ein.

Schon kurz nach Kriegsende war er von den Briten darüber verhört worden, was er wusste als Aufsichtsrat der IG Farben AG, die KZ-Häftlinge für sich schuften ließ und das mörderische Insektenvernichtungsmittel Zyklon B herstellte, mit dem Juden ermordet wurden. Abs sollte Rechenschaft ablegen, was er als Aufsichtsratsvorsitzender des Bauunternehmens Holzmann mitbekam. Die Firma baute in Auschwitz, beutete Zwangsarbeiter aus. Und natürlich sollte er über seine Zeit im Vorstand der Deutschen Bank berichten, wo er als Verantwortlicher für das Auslandsgeschäft in den besetzten Gebieten auch das Vermögen von Juden der Bank einverleibte.

Was sollte er sagen? Ja, er wusste von den Verbrechen. Ja, er hat nichts dagegen unternommen. Er war ängstlich und feige, ja. Aber, und das betont er entschieden, der strenge Katholik habe den Kontakt zum Regime gemieden, wo es ging. Zuvorderst, so seine Verteidigung, sei er Katholik, erst dann Deutscher. Einmal besuchte er ein Treffen des Kreisauer Kreises, der eine Verschwörung gegen Hitler plante. Nach dem Krieg wurde Abs drei Monate eingesperrt, dann freigelassen, als Unbelasteter der *Kategorie V* eingestuft und als Berater der Briten eingestellt.

Jetzt, im Jahr 1952, setzt sich Kanzler Adenauer durch, als es um die Frage geht, wie Westdeutschland den Forderungen der Juden begegnet. Parallel zur Londoner Schuldenkonferenz, so bestimmt es der Kanzler, soll eine weitere Delegation in Den Haag mit Israel verhandeln. Abs gibt klein bei. In London ist jedoch er der Delegationsleiter, hier macht er die Spielregeln. Für Abs beginnt die Pokerpartie seines Lebens. Er weiß: Wie bei jeder Verhandlung spielt die Psychologie eine gewichtige Rolle. Über die britische Finanzzeitschrift *Investor's Chronicle* verkünden die Engländer provokativ: Eine »befriedigende Lösung« liege aus englischer Sicht erst dann vor, »wenn sich Herr Abs Sorge um seinen Empfang bei der Rückkehr nach der Konferenz machen muss«.

Abs kontert wenige Tage vor dem Start der Schuldenkonferenz. Er trifft den Korrespondenten der *Financial Times* in Frankfurt und diktiert ihm seine Sicht in den Block. Den Artikel, der am 13. Februar 1952 erscheint, sieht Abs mit Wohlwollen. Alles steht dort recht schön geschrieben. Die Forderung, die Zinsen aus der Kriegszeit zu streichen, ebenso wie die Haltung, Deutschlands Kapital müsse wegen der Ost-West-Teilung um 43 Prozent reduziert werden. Auch den Plan, Goldklauseln durch Dollarklauseln zu ersetzen, was die Bundesrepublik viel billiger käme, bringt der Journalist mit ein. Die Duftmarke ist gesetzt.

»Warten, warten, weitermachen«

Auf der Konferenz knallen die Parteien schnell aneinander. Nach der euphorischen Eröffnung im Februar 1952 macht sich Frust breit, es kommt zu Geplänkel über jedes Detail, zum Streit über jedes Komma. Abs' wichtigstes Argument lautet: Das angeschlagene Nachkriegsdeutschland geht an die Grenze der Belastungsfähigkeit, um Schulden zu bedienen – doch die Grenze ist nach den großen Zerstörungen eben eng gesteckt. Um das allen klar zu machen, hängt er in den Verhandlungsräumen Landkarten auf. Seht her, wie viel kleiner Deutschland nach der Teilung ist, lautet die Botschaft. In seiner Verzweiflung reimt Abs gar einen Limerick: »There was a man called Abs, he believed as it were in maps, but as much as he pleaded, he never succeeded, to prove that maps were no traps« (»Da war ein Mann namens Abs, der glaubte an das, was Landkarten zeigten – doch so sehr er sich auch mühte, es gelang ihm nicht zu beweisen, dass die Karten keine Fallen waren«).

Das Eis ist gebrochen. Eines Morgens stehen die Delegierten anderer Länder in Gruppen beisammen und lachen laut. Die Londoner *Times* hatte die Verse abgedruckt. Und Abs kennt noch weitere kleine Gesten. Sich und seine Delegation mietet er in drittklassigen Absteigen ein: »Sollen die Gläubiger ruhig in den besten Häusern der Stadt wohnen, aber wir sind die Schuldner«, erklärt er den mürrischen Mitarbeitern. Haltung und Gehorsam ist das Wichtigste, was er von seiner Delegation erwartet.

Doch selbst die demonstrative Demut kann nicht darüber hinwegtäuschen, dass in diesen Tagen ein beispielloser Wirtschaftsaufschwung in Westdeutschland seinen Anfang nimmt. Die mangelnde Zahlungsfähigkeit der Republik, Billighotel hin oder her, erscheint den Gläubigern vorgespielt. Am 23. Mai legt Abs, nach der Zustimmung des Bundeskabinetts und der Bank deutscher Länder, schließlich ein erstes Angebot vor: 500 Millionen D-Mark an Schulden will Deutschland demnach pro Jahr bezahlen. Später soll die jährliche Summe auf 600 Millionen D-Mark steigen. Mehr, so hat es die Deutsche Bundesbank errechnet, sei die Republik nicht zu leisten imstande.

Der englische Verhandlungsführer Rendel vergisst kurzerhand seine britische Contenance, droht mit »stürmischen Tagen«. Von allen Seiten ertönt die gleiche Botschaft: »Ihr könnt zahlen.« Der Anstieg der deutschen Produktion und des Außenhandels, betonen die Amerikaner, sei »fast alarmierend«, eine Beleidigung sei dies, befand die *Financial Times*. Das Angebot sei genauso elend, wie man es habe vorausahnen können.

»Warten, warten, weitermachen«, befiehlt Abs seiner erschöpften Delegation. Er selbst geht bis an seine körperlichen Grenzen. Der Deutsche klammert sich weiter an Witzchen. Seine Großmutter, die Mutter seines Vaters, erzählt er den Gläubigern, habe sich 1912 einer schweren Operation unterziehen müssen. Ihr Bein wurde amputiert. Als sie kurze Zeit später auf dem Sterbebett lag und ein Geistlicher sie besuchte, habe sie ihm zugerufen: »Wenn ich sterbe und Sie schicken meinem Sohn die Rechnung für die Bestattung – dann muss aber das Bein abgezogen werden.« Abs hat die Lacher auf seiner Seite. Und auch die Botschaft der verarmten Deutschen setzt sich fest.

Eine »gerechte und billige Regelung«

Am 8. August 1953, zwei Jahre nach den ersten Vorgesprächen, einigt man sich schließlich auf einen Kompromiss. Deutschland verpflichtet sich, insgesamt 14,5 Milliarden D-Mark zu zahlen. Das erste Angebot wurde erhöht, von 500 auf 567 Millionen D-Mark im Jahr in den ersten fünf Jahren (diese Summe entsprach etwa 4 Prozent der Exporterlöse der jungen Republik). Danach sollte Deutschland 765 Millionen D-Mark zurückzahlen. Doch auch für die deutsche Seite gibt es Verhandlungserfolge: So kann jeder Gläubiger in den ersten fünf Jahren entweder die Zinsen eintreiben oder auf einer Tilgung bestehen, nicht aber beides gleichzeitig. Das verschafft der Republik Luft.

Versteckt im Artikel 5, Absatz 2, des Abkommens findet sich auch eine fragwürdige Abmachung. Mit dem Paragrafen hält sich Deutschland Reparationsforderungen bis zu einem endgültigen Friedensvertrag vom Hals. Nicht nur Forderungen von Staaten, auch Ansprüche von Opfern des NS-Regimes wie den Zwangsarbeitern werden damit auf die lange Bank geschoben.

Am 27. Februar 1953 wartet auf Abs im *Londonderry House* die große Bühne. In dem hohen Festsaal mit Stuck und allerlei Ölgemälden an den Wänden setzt Abs seine Unterschrift unter den Vertrag – ebenso wie die Vertreter von 18 Gläubigerstaaten. Der Konferenz-Vorsitzende John W. Guldner lobt eine »gerechte und billige Regelung«. Günstig war das Ergebnis vor allem für die Bundesrepublik: Sie konnte nicht nur einen hohen Schulenderlass erreichen, sondern war – anders als die Weimarer Republik nach 1918 – nicht durch Forderungen nach Reparationen belastet, die im Londoner Schuldenabkommen bis zum Abschluss eines förmlichen Friedensvertrags zurückgestellt wurden.

Was daraus wurde

Durch das Londoner Schuldenabkommen wurde die internationale Kreditfähigkeit Deutschlands wiederhergestellt. Im Jahr 1953 betrug die Kapitaleinfuhr noch 100 Millionen Mark. Schon ein Jahr nach dem Abkommen flossen 1,2 Milliarden Mark an Krediten nach Westdeutschland. Die D-Mark war salonfähig auf den internationalen Märkten, und das Fundament für die Bundesrepublik als Exportnation sowie das folgende Wirtschaftswunder war gelegt.

Mittlerweile hat das wiedervereinte Deutschland keine Kriegsschulden mehr. Die Außenstände bei Franzosen und Briten tilgte Deutschland bis 1973. Die Nachkriegsschulden gegenüber den USA wurden in einer letzten Zahlung 1988 beglichen. 92 Jahre nach dem Ende des Ersten Weltkriegs, am 3. Oktober 2010, erfolgte die letzte Schuldenzahlung in Höhe von 69,9 Millionen Euro – die Bundesrepublik hat damit auch die finanzielle Schuld dieses Kriegs beglichen.

Abs selbst wurde wenige Jahre nach dem Schuldenabkommen von London zum Chef der Deutschen Bank berufen. Von 1957 bis 1967 war er Vorstandsvorsitzender, anschließend wechselte er bis 1976 an die Spitze des Aufsichtsrats. Daneben nahm der »Herr der Aufsichtsräte« zahlreiche weitere Mandate wahr, kontrollierte mit zwischenzeitlich bis zu 30 Unternehmen die halbe Industrie und war einer der mächtigsten Lenker der »Deutschland AG«. Bis zu seinem Tod 1994 blieb er Ehrenvorsitzender der Deutschen Bank.

Lesetipps

Hermann Josef Abs, *Entscheidungen 1949–1953. Die Entstehung des Londoner Schuldenabkommens*, Mainz 1991.

Lothar Gall, *Der Bankier. Hermann J. Abs*, München 2004.

Ursula Rombeck-Jaschinski, *Das Londoner Schuldenabkommen. Die Regelung der deutschen Auslandsschulden nach dem Zweiten Weltkrieg*, München 2005.

1956

Dieter Rams
Erfindung einer neuen
Formensprache

1954 — Die Fußballnationalmannschaft der Bundesrepublik wird durch einen 3:2-Endspielsieg gegen Ungarn (»Wunder von Bern«) erstmals Weltmeister – ein künftiger Gründungsmythos der zweiten deutschen Demokratie.

1954/55 — Die Bundesrepublik tritt nach Abschluss der Pariser Verträge der neugebildeten WEU sowie der NATO bei und geht damit weitere Schritte in Richtung Westintegration.

1955 — Der 1 000 000ste Volkswagen (»Käfer«) läuft vom Band.

Der Mann hinter Schneewittchen

Mit geraden Linien das Chaos der Welt bewältigen: Der junge Architekt Dieter Rams entwirft mit dem Dozenten Hans Gugelot 1956 einen Radio-Plattenspieler. Der prägt die Designwelt bis heute – und macht die Firma Braun weltberühmt.

Alles beginnt mit einer Wette. Nachkriegsdeutschland im Jahr 1955: Seit zwei Jahren arbeitet der junge Wiesbadener Dieter Rams schon im Frankfurter Architekturbüro von Otto Apel. An den Zeichentischen entstehen Skizzen für amerikanische Konsulate. Die Deutschen kooperieren mit den Architekten von Skidmore Owings & Merrill aus Chicago. Rams lernt den industrieorientierten Modernismus kennen. Es ist kein schlechter Start für einen jungen Architekten, doch Rams will mehr.

Ein Kollege schiebt ihm den Schnipsel hin, der alles verändern soll, eine Anzeige aus der Tageszeitung und zugleich der Ausgangspunkt der folgenreichen Wette. Gesucht: Architekt zur Festanstellung. Rams, der Architektur und Innenarchitektur an der Wiesbadener Werkkunstschule studiert und eine Schreinerlehre erfolgreich abgeschlossen hat, ist sofort interessiert – auch, wenn er von dieser Firma Braun noch nie etwas gehört hat. »Was meinst du«, ruft er dem Kollegen zu, »wer von uns wird wohl genommen?« Das Wettrennen beginnt. Rams setzt sich an den Zeichentisch, entwirft, wie verlangt, eine Wohnung für Firmengäste. Zwei DIN-A4-Blätter reichen. Ein einfacher Grundriss, schlichte sparsame Linien, kein Brimborium. Der Minimalismus der Ulmer Schule kommt an, Rams gewinnt die Wette. Mit seinem Credo hat er die Braun-Chefs überzeugt. Bessere Architektur, da ist der 33-Jährige sicher, kann den Menschen zum Besseren erziehen, nicht Emotionen oder eine Ideologie wie bei den Nazis.

Von Wiesbaden nach Frankfurt

Wie sehr hatte er als Junge die Hitlerjugend gehasst, wo sie aufeinander losprügeln sollten, und dann den Krieg und die Luftangriffe. Einige Prachtstraßen seiner Heimatstadt Wiesbaden gingen in Flammen auf. Prachtvolle Bauten der Jahrtausendwende brannten aus. Während dieser Wirren trennten sich auch noch die Eltern, Martha und Erich. Rams' Bezugspunkte wurden die Großeltern, vor allem die Opas. Der eine war Schreiner, der andere Schlosser. Der Schreiner, Heinrich, ein Spezialist für Oberflächen, verwahrte sich gegen Maschinen und arbeitete nur mit seinen Händen. Der zwölfjährige Rams lernte unter seiner Obhut, traditionelle Möbel zu bauen und von Hand zu polieren. Die Einfachheit der Dinge sollte er schätzen lernen. Die Werkstätten spendeten obendrein Geborgenheit, denn hier herrschte Ordnung, hier gab es ein Stück heile Welt.

Jetzt, da die Nazis gestürzt und die Kriegswirren vorbei sind, will Rams aufräumen. Das Chaos muss weg. Rams' Werkzeuge sind Bleistift und Zeichentisch. Nun also die Frankfurter Firma Braun, die zum Glücksgriff für ihn wurde. Wenige Jahre waren vergangen, seitdem Max Braun, der Firmengründer, verstorben war. Seine Söhne Artur, 26, und Erwin, 30, schickten sich an, einiges anders zu machen. Nach all dem Schrecken der Nazizeit hatten sie die Hoffnung auf eine bessere Zukunft nicht aufgegeben. Zwei Weltverbesserer, ganz wie Rams. Während sich Artur um die Technik kümmerte, sprühte Erwin nur so vor Visionen. Im *Spiegel* hatte er gelesen, dass sich die kaufkräftige Käuferschar sattgesehen hatte an den voluminösen Rundfunkgeräten, glänzend polierte Holzmöbel mit Goldleisten. Dumm nur, dass der Vater ausgerechnet diese überdekorierten Kisten jahrelang hatte produzieren lassen.

Für den Neustart lockte Erwin seinen Kameraden aus Kriegstagen, den einstigen Heeresfunker Fritz Eichler, nach Frankfurt. In ausgiebigen Spaziergängen im Vordertaunus diskutierten sie über die Zukunft der Braun AG. Eichler begeisterte den Braun-Bruder für den Bauhausstil, sie blätterten in Katalogen des New Yorker *Museum of Modern Art.* Die Braun-Produkte, da waren sie sich einig, mussten vom Schwulst befreit werden: Schluss mit dem »Gelsenkirchener Barock«. Etwas Zeitgemäßes musste her, für einen Kunden, der intelligent und unvoreingenommen ist und der unaufdringliche Produkte schätzt.

Das Motto »Für den modernen Lebensstil« zog sich durchs ganze Unternehmen. Braun publizierte eine Mitarbeiterzeitschrift (mit dem Titel *Der Betriebsspiegel*), plante ein Gesundheitszentrum (mit Klinik), achtete auf das Kantinenessen (aus biologischem Anbau) und überarbeitete die komplette Produktpalette (mehr Unterhaltung) – selbst das Firmenlogo kam auf den Prüfstand (der Grafikdesigner Wolfgang Schmittel ließ sich etwas Hübsches einfallen). Geld war genug da: Mit ihren »Deluxe«-Rasierern hatten die Braun-Brüder gerade einen Zehn-Millionen-Dollar-Deal mit der amerikanischen Firma Ronson abgeschlossen.

Beim Neustart schiebt sich ein junger, ambitionierter Architekt ins Blickfeld von Erwin Braun: Dieter Rams, der schlaksige Junge mit der Hornbrille und dem verträumten Blick. Der Architekt hatte erste Entwürfe für Innenräume des Werks vorgelegt, auch für eine Privatwohnung, in denen klare Linien und schlichte Visionen dominierten. Kurze Zeit später darf er sich am ersten automatischen Diaprojektor, dem PA1, versuchen. Die gedeckten Grautöne, weichen Kanten und feinen Details kommen an. Auf der »Photokina«, der Fotografiemesse in Köln, wird der Projektor 1956 gefeiert.

SK4 (Farbe RAL 9002, grauweiß)

Im selben Jahr rufen ihn die Braun-Brüder wegen eines neuen Projektes zu sich. Es geht um den Superchronografen SK4, eine Kombination aus Radio und Plattenspieler. Schon vor dem Krieg hatte die Firma das Gerät erfolgreich an den Mann gebracht. Jetzt soll das Gerät in neuem Glanz erstrahlen. Die alte Version bekommt Rams gar nicht erst zu Gesicht.

Das Studio in Frankfurt ist mit einer Schreinerbank, einem Zeichentisch und einer Drechselbank arg spärlich ausgestattet. Doch das muss reichen. Rams hat sein Zeichenbrett in der Grafikdesignabteilung gleich neben Wolfgang Schmittel, der das Firmenlogo entwirft. Jazzmusik klimpert durch den Raum.

Rams ist kein leidenschaftlicher Fan der Musik, dafür umso mehr die Kollegen. Abends treffen sich die Kreativen gerne mal im Frankfurter »Jazzkeller«. Die unkonventionelle Musik, die doch strengen Regeln folgt, passt herrlich zur Firmenphilosophie. Die Designer stellen, für den besseren Sound, zwei Lautsprecher im Studio auf. Tänzelnd gehen sie durch den Raum, zwischen den Zeichentischen hin und her – und haben ganz nebenbei den Stereo-Sound erfunden.

Mit dem SK4 kommt Rams in dieser Umgebung gut voran. Er und sein Team überprüfen alle Elemente, jede Taste, jeden Knopf. »Weniger, aber besser«, das ist das wichtigste Prinzip, der Kern, die Botschaft. Es geht darum, Ordnung zu schaffen, alles Überflüssige wegzulassen. Die Produkte sollen ehrlich, langlebig, umweltfreundlich und selbsterklärend sein, ohne Schnickschnack, ohne Gebrauchsanweisung. Gutes Design, findet Rams, macht Produkte brauchbar.

Mit dicken Strichen zieht der talentierte Zeichner erste Entwürfe auf das Transparentpapier. Was nicht gebraucht wird, fällt weg. Steuerungselemente werden nicht mehr wie früher in einer Holztruhe lebendig begraben oder, noch schlimmer, aufdringlich an der Vorderseite platziert. Sie kommen, ganz zurückhaltend, gleich oben auf – neben den Plattenspieler. Die Regler und Tasten sind hellgrau. Alles

könnte so schön sein, ganz im Sinne des modernen Lebens-
stils, wäre da nicht der Klangkörper.

Zusammen mit Fritz Eichler schreinert Rams an einem
Holzgehäuse. Diverse Versionen entstehen, zunächst komplett aus Holz, wegen des Klangs. Doch kein Entwurf mag
so richtig gefallen. Schließlich suchen die Entwickler Rat
bei Hans Gugelot. Der 36-Jährige ist Dozent an der noch
jungen Hochschule für Gestaltung in Ulm, die die 1933 von
den Nationalsozialisten verbotene Bauhaus-Bewegung fort-
führt.

»Gütsch«, wie sie den Designer rufen, findet in nur zwei
Tagen eine Lösung, die in ihrer Einfachheit schon fast neidisch macht. Der Kreative mit wildem Haarschopf, sport-
licher Lederjacke und dickem Wollschal präsentiert mit
seinem verschmitzten Lächeln ein weiß lackiertes Blech-
gehäuse mit schmalen Lüftungsschlitzen, eingespannt zwischen zwei Holzwangen. Eine Revolution. Niemals zuvor
hatte es ein Radiogehäuse aus Blech gegeben.

Sorgen bereitet aber noch der Deckel. Die Designer haben da an eine Haube aus Blech gedacht, auch mit einem
Holzbrett haben sie es schon probiert. Doch die Akustik
macht ihnen einen Strich durchs Design. Es klappert, der
Sound – so geht es nicht.

Rams' Credo lautet: »Man muss sich Gestaltung und
Technik absolut verschreiben. Beides muss ineinandergreifen.« Ein Geistesblitz hilft bei diesem Unterfangen. Rams
schlägt eine transparente Lösung aus Plexiglas vor. Den
Baustoff kennen nur wenige, er wird vor allem für Displays
in Schaufenstern verwendet. Als Rams das kompakte Tisch-

gerät mit dem transparenten Deckel seinem Chef vorstellt, sagt Erwin Braun nur: »Das ist es!«

Der SK4 (Farbe RAL 9002, grauweiß) euphorisiert nicht nur das Fachpublikum. Die Bürger der jungen Republik sind verzückt. Konkurrenten taufen das Gerät boshaft »Schneewittchensarg«. Doch der Name klingt in den Mündern der Kunden liebevoll, wie ein Kosename. Das Gerät gilt als erste Musikanlage für den Heimgebrauch. Mit 295 Mark ist das Gerät teuer, ein Verkaufsschlager wird es nicht, gerade einmal 4 000 Stück werden produziert.

Doch für das deutsche Industriedesign ist das Gerät ein Meilenstein. Schon 1957 zeichnen die Juroren der Mailänder Triennale Braun mit dem *Grand Prix* aus, der höchsten internationalen Auszeichnung der Designer-Welt. Ein Jahr später nimmt das *Museum of Modern Art* in New York den »German Schneewittchensarg« in seine ständige Sammlung auf. Braun wird zur Weltmarke.

Bis heute gilt das Braun-Design als Fixpunkt moderner Produktgestaltung. Es hat unsere Ansprüche an Form und Funktion von Alltagsgegenständen grundsätzlich verändert. Als der Designer Jonathan Ive in den neunziger Jahren nach Formen und Inspiration für die Apple-Produkte suchte, ließ er sich von seinem großen Vorbild Dieter Rams leiten. Und auch wenn Braun selbst heute keine Unterhaltungselektronik mehr produziert, tragen Millionen von Menschen ein Stück Braun'sches Industriedesign in ihrer Hosentasche: das iPhone.

Was daraus wurde

Der Elektronikhersteller Braun prägte mit seiner Formsprache nicht nur das deutsche Nachkriegsdesign wie kaum ein anderes Unternehmen. Auch heute noch setzt Rams' Arbeit internationale Maßstäbe. Der prominenteste Fan ist Apple-Chefdesigner Jonathan Ive. Schon in Jugendtagen fand er Gefallen an der Saftpresse MPZ 2 (1972), die in der Küche seiner Eltern stand: *Designed by: Rams.*

Frappierend ist auch die Ähnlichkeit des iPhone mit dem Braun-Taschenrechner Type 4776. Und das Taschenradio Braun T3 erinnert mit seinen kreisförmig angeordneten Funktionstasten stark an den ersten iPod mit seiner damals revolutionären »Wheel«-Steuerung.

Der große Erfolg der Firma Braun blieb in den 1960er-Jahren auch der Konkurrenz nicht verborgen. Das US-Unternehmen Gillette übernahm den deutschen Elektrohersteller 1967 schließlich. Lange lief das Geschäft mit den schön entworfenen Alltagsgegenständen prächtig – gleichgültig, ob es sich um Rasierer, Küchenmaschinen oder Plattenspieler handelte. Vor allem im Bereich der Unterhaltungselektronik bekam das Unternehmen trotz seiner starken Marke jedoch Probleme. Die Produkte waren schlicht zu teuer. Im Mai 1990 wurde der Bereich aufgelöst.

2005 übernahm der US-Konzern Procter & Gamble die Braun-Mutter Gillette. Das Unternehmen im Taunus konzentriert sich heute vor allem auf Produkte der Körperpflege und bietet Geräte für die Herrenrasur, Haarpflege und Haarentfernung an.

Viele Designer der jungen Bundesrepublik Deutschland, die an die Traditionen des Bauhauses der Weimarer Republik anknüpfen konnten, verstanden sich nicht nur als reine Produktgestalter, sondern verbanden mit ihren Entwürfen auch Hoffnungen auf einen demokratischen Neubeginn Deutschlands. So war die Trägerin der berühmten Hochschule für Gestaltung Ulm (1955–68) die Geschwister-Scholl-Stiftung, die von Inge Scholl 1951 im Gedenken an ihre Geschwister Hans und Sophie Scholl ins Leben gerufen worden war, den Mitgliedern der Widerstandsgruppe Weiße Rose, die 1943 von den Nationalsozialisten hingerichtet worden waren. Leitbild war »ein auf technik und wissenschaft abgestütztes modell des design, der designer nicht mehr als übergeordneter künstler, sondern gleichwertiger partner im entscheidungsprozess der industriellen produktion« (Otl Aicher).

Lesetipp

Sophie Lovell, *As Little Design As Possible: The Work of Dieter Rams*, London 2010.

1962

Karl und Theodor Albrecht
Revolution im Einzelhandel

1957 Der Deutsche Bundestag verabschiedet das »Gesetz gegen Wettbewerbsbeschränkungen«. Die deutsche Wirtschaft gibt damit ihre bisherige kartellfreundliche Tradition auf.

1957 Der Niedergang der Steinkohle als führender Energieträger der Bundesrepublik beginnt mit ersten Zechenschließungen im Ruhrgebiet. An ihre Stelle rückt das Erdöl, dessen Anteil am Primärenergieverbrauch bis 1967 binnen eines Jahrzehnts von 11 auf 48 Prozent in die Höhe schnellt.

1959 Die SPD verabschiedet das »Godesberger Programm«, mit dem sie sich vom Prinzip des Klassenkampfes abwendet und sich von der Arbeiter- zur Volkspartei wandelt.

1961 Die DDR beginnt im geteilten Berlin und an der innerdeutschen Grenze mit dem Bau der Mauer, die die ostdeutsche Bevölkerung in den kommenden 28 Jahren vom Westen abriegelt.

Billig will ich

Zwei Essener Brüder erben nach dem Krieg den kleinen Kaufmannsladen ihrer Eltern. Schnell ahnen sie: Nur wer wächst, wird überleben. Und nur, wer seine Kunden zuverlässig, aber billig versorgt, wird wachsen. So erfinden sie ein Prinzip, dass Europas Einzelhandel für immer verändert.

Es ist einer der letzten Tage, bevor er der Handelswelt beweisen will, dass er die Zeichen der Zeit erkannt hat, und Karl Albrecht ist unzufrieden. Schon, dass er wieder aus Essen hier nach Dinslaken an den Niederrhein kommen musste, wo er doch eigentlich nach dem Mittagessen lieber in seinem heimatlichen Arbeitszimmer sitzt und die großen Dinge bedenkt, ist ärgerlich. Nun aber scheinen seine Leute hier die Grundfesten seiner Pläne immer noch nicht verinnerlicht zu haben. Man muss doch, raunzt er seinen Bezirksleiter Willi Vieth an, die Preisschilder so anbringen, dass man sie zwei Mal verwenden kann: einmal auf der Vorder-, einmal auf der Rückseite. Was sich dadurch alleine sparen lässt. Und dafür arbeiten sie schließlich hier an der Neustraße 55 in Dinslaken seit einigen Tagen: Um der Welt ab dem 7. Juni 1962 zeigen zu können, was sich so alles sparen lässt.

Auf 120 Quadratmeter hat Albrecht hier bis vor wenigen Tagen verkaufen lassen, was der niederrheinische Nachkriegshaushalt so zum Leben braucht: Frischfleisch, Gemüse, Milch, Konserven. In den letzten Tagen aber war das Geschäft geschlossen. Nun zeichnet sich ab, warum: Die komplette Einrichtung hat Albrecht von Vieth und seinen Leuten herausreißen lassen. Wo bisher eine schöne Theke stand, an der bedient wurde, lagern jetzt aufgerissene Kartons auf Paletten, an der Wand einige schlichte Holzregale. Den Platz für Frischfleisch, Obst, Gemüse und Kühlprodukte hat Albrecht einfach komplett gestrichen. Neonröhren tauchen den Raum in grelles Licht. Statt der neugewonnenen Lebensmittelvielfalt am Beginn der sich abzeichnenden Wirtschaftswunderzeit will Albrecht hier künftig nur noch 300 Basisartikel verkaufen, direkt von der Palette an den Kunden – dafür unschlagbar günstig. Sein jüngerer Bruder Theo experimentiert schon seit einigen Tagen in einem Dortmunder Laden mit ähnlichen Dingen. Aber ausgedacht hat er, Karl, sich dieses Modell. In Dinslaken soll es sich erstmals in seiner vollen Ausprägung beweisen. Deswegen ist das niederrheinische Städtchen in diesen Tagen für die Kaufmannsfamilie aus dem Ruhrgebiet so wichtig.

Albrecht ist überzeugt: Dieser Form der Sparsamkeit gehört die Zukunft. Damit das auch jeder sieht, tauscht Karl nicht nur die Einrichtung aus, sondern schraubt auch ein neues Schild außen an den Laden. Statt Albrecht steht dort nun »Aldi«, Al-Di wie »Albrecht-Discount«. Theo, der im Übrigen die Idee für den Namen hatte, macht dies in Dortmund genauso.

Der Beginn einer Ära

Und doch ist es eine Idee, die aus der Not geboren ist. Anfang der 1960er Jahre ist die Handelswelt in Aufruhr. In den USA haben sich Supermärkte etabliert, die nahezu ohne Verkaufspersonal auskommen, eine unglaubliche Vielfalt bieten und doch gnadenlos günstig sind – eine Idee, die nun auch nach Europa schwappt. Billig um jeden Preis wird zum Trend, der die vielen inhabergeführten deutschen Lebensmittelverkäufer wie aus der Zeit gefallen wirken lässt.

Solche Lebensmittelhändler, wenn auch schon etwas größere, sind auch die Brüder Karl und Theo Albrecht aus Essen. Direkt nach Kriegsende haben sie 1945 den elterlichen Laden übernommen und in die Albrecht-Kommanditgesellschaft überführt. Es ist eines jener typischen Geschäfte in den Arbeitervierteln des Ruhrgebiets, in denen sich die Familien derer versorgen, die in den benachbarten Zechen und Hütten ihr erstes Nachkriegsgeld verdienen. Es ist das Milieu, in dem auch die Albrechts aufgewachsen sind.

Vater und Mutter waren Lebensmittelhändler durch und durch, Menschen aus dem Arbeiterstadtteil Schonnebeck für die Menschen, die dort lebten und arbeiteten. Hier betrieben sie ihren kleinen Laden mit zwei Schaufenstern zur Straße. Hinter der Theke die Mutter, hinten in der Buchhaltung der Vater – wann immer es Engpässe gab, mussten die Söhne einspringen, also der ältere, selbstbewusste Karl, der im Alter von fünf Jahren nur knapp eine Tuberkulose überlebte, und der jüngere, etwas stillere Theo. Sie halfen den Eltern vor allem dabei, von säumigen Kunden, die hatten »anschreiben« lassen, die Gelder einzutreiben.

Im Krieg wurde Karl nach wenigen Monaten an der Front nahe Moskau schwer verwundet. Später rettete ihn eine wochenlange Flucht durch den verschneiten Osten vor den heranrückenden Russen und den deutschen Feldgendarmen, die selbst Verletzte noch zurück an die Front schickten. Theo diente derweil als Versorgungssoldat beim Rommel-Feldzug in Afrika.

Große Ideen, wenig Kapital

Vor allem der Mutter verdankten die Brüder, dass sie nach der Kriegsrückkehr in ein weitgehend intaktes Geschäft einsteigen konnten. Sie übergab ihren Jungs 1946 den Laden. Die Brüder erkannten schnell: Wer überleben will, muss wachsen. Nur fehlte der Familie das Kapital. So erdachten sie bereits damals einen Kniff, der Anfang der sechziger Jahre noch einmal wichtig werden sollte: Weniger ist mehr. Nicht das Sortiment ist entscheidend, sondern der Preis. Was nützt den Arbeitern von Essen nach dem Krieg eine tolle Auswahl, wenn sie sie nicht bezahlen können? Also strichen Theo und Albrecht das Sortiment zusammen und gewannen so Spielraum, die Preise zu senken. Die Rechnung ging zunächst auf. Wer bei Albrecht kaufte, hatte mehr vom Geld.

Die Albrecht-Brüder, das erzählte man sich in Essen schnell, sind anders als die meisten Krämer dieser Zeit. Sie expandierten von Beginn an. Bereits Anfang der fünfziger Jahre war aus dem Geschäft der Eltern eine kleine Supermarktkette im südlichen Ruhrgebiet geworden. 1953 eröffneten die Brüder das erste Zentrallager mit Bürogebäude in Essen-Schonnebeck, 1955 vermeldete man die Eröffnung der 100. Filiale. Es waren Stuben-Läden, mit Verkäuferinnen hinter der Theke – für jede Warengruppe eine. Oft bezahlten die Albrechts so zehn Mitarbeiterinnen pro Geschäft.

Der wortgewandte, strategisch denkende Karl und der kreative, emsige Theo – ein Brüderpaar, das sich ergänzt und keinen Zweifel lässt: Sie wollen nach oben. Es ist eine ungewohnte Symbiose zweier Brüder, so unterschiedlich und doch vereint in dem absoluten Willen, den kleinen Verhältnissen ihrer Jugend zu entfliehen. Die Kindheit im kleinen Laden, die Konkurrenz der größeren Händler, all das soll der Vergangenheit angehören. »Groß werden«, geht Karl Albrecht immer wieder durch den Kopf, wenn er nach seinen Zielen gefragt wird, »egal, wie.« Dabei hätten es nicht unbedingt Lebensmittel sein müssen. Was sie verkaufen, ist den Brüdern eigentlich gleich, Hauptsache, sie verkaufen. Lebensmittel können sie halt, und Lebensmittel scheinen ihnen ausreichend krisensicher.

Ihre Symbiose verfestigen sie in der Zeit durch eine Tandemtour, drei Wochen von Essen nach Berchtesgaden und zurück. 19,50 Mark kostet sie die Reise – und bringt ihnen die Erkenntnis: Entweder sie schaffen es zu zweit oder gar nicht. Denn die Konkurrenz gibt sich nicht geschlagen. Und der Kunde wird zwar, je weiter die Jahre vom Kriegsende wegschreiten, vermögender – aber auch wählerischer. Die Deutschen beginnen, die Vielfalt zu schätzen, und die Albrechts wollen das bedienen. Nur: Die Kosten steigen, die Margen schrumpfen, die Albrecht-Läden drohen an ihrem Erfolg zu ersticken.

Die Brüder sind sich zunächst uneins. Immer wieder berichten Mitarbeiter von kleineren und größeren Diskussionen. Da ist etwa die Zigaretten-Sache. Theo möchte, Anfang der sechziger Jahre ist das Rauchen schließlich Zeitgeist, Zigaretten ins Sortiment aufnehmen. Karl, der den Einkauf verantwortet, ist dagegen. Immer wieder streiten die Brüder darüber. Zeitgeist versus reine Lehre, der Konflikt beschäftigt die Brüder.

Man betreibt mittlerweile 300 Filialen in West-Deutschland, setzt jährlich etwa 90 Millionen Mark um. Selbst eine Kaffeerösterei gehört nun zum Imperium. Das Jahr 1961 ist angelaufen – und es ist klar, dass es sich von den Jahren zuvor unterscheiden muss, wollen die Brüder weiter Erfolg haben. Der Ausstieg ihrer Mutter Anna bereitet schließlich den Weg für eine Neuaufstellung: Karl und Theo beschließen, ihr Reich zu spalten. Die Idee stammt, wie meist, von Karl. Theo erbittet sich einige Tage Bedenkzeit, dann willigt er ein. Karl teilt daraufhin Lager und Filialen in zwei Hälften, Theo darf wählen. Er entscheidet sich für den Bereich Essen, Karl bekommt Mülheim. Der Grundstein für die endgültige Aufteilung der Republik: Nördlich des Aldi-Äquators regiert Theo mit Aldi Nord, im Süden sein Bruder.

So will man schlagkräftiger werden. Nur missverstehen soll den Schritt keiner: Man bleibt zusammen. Getrennt marschieren, vereint schlagen, so wollen sie die Zukunft sichern. Deswegen darf es auch nicht bei dieser rein strukturellen Änderung bleiben, da sind sich die Brüder einig. Wenn Karl in diesen Tagen, wie er es Zeit seines Lebens zu tun pflegt, nach dem Mittagsschlaf in seinem Denkerzimmer sitzt, reift langsam eine Idee, die er schnell als die wichtigste seines Lebens erkennt: die konsequente Einführung des Discount-Prinzips. Er will, wie Theo und er es schon einmal in der unmittelbaren Nachkriegszeit versucht haben, die Auswahl in den Läden dramatisch reduzieren, überhaupt das gesamte Angebot – Service, Verkauf, Auswahl – auf ein absolutes Minimum herunterfahren. Zulieferer sollen ausgequetscht werden, bis der Preis aus Albrecht-Sicht optimal ist. So soll hochwertigere Ware zu dem Preis verkauft werden, den die Konkurrenz für minderwertigere Ware verlangt. Das, da ist sich Albrecht sicher, werden sich die Kunden merken. Und ein neuer Name soll her, der diesen Wandel auch nach außen bezeichnet: Theo ist es schließlich, der Aldi in diesen Tagen erfindet, »Albrecht Diskont«.

Brüderlicher Wettstreit

Die Brüder sind Feuer und Flamme und liefern sich fortan ein Wettrennen, wer die erste Filiale nach dem neuen Prinzip eröffnet. Theo ist es schließlich, der in Dortmund den Testballon als erstes startet. Karl schafft in Dinslaken schließlich für sein Aldi-Süd den strategischen Start.

Teure Artikel sortiert er aus, die Einrichtung der Läden reduziert er, das Sortiment verknappt er radikal. Nicht mehr als 300 Artikel sollen es pro Filiale sein. Und, aus Albrecht-Sicht noch wichtiger, allerdings deutlich umstrittener: keine Markenware. Albrecht will nur Artikel, die nach von ihm erfundenen Fantasienamen benannt sind. Kein Hersteller soll sich in den Köpfen der Kundschaft festsetzen. Albrecht will so verhindern, dass die Produzenten für die Kunden wichtiger werden als er, der Händler. Ohne die Marken hält er sich offen, beliebig die Produzenten eines Produktes wechseln und in den Konditionen drücken zu können – es ist die vollständige Abhängigmachung der Lebensmittelprodukti-on vom Geiz der Händler.

Discount, das ist fortan die Kunst des Weglassens: Keine Frischwaren. Keine Bedienung. Zwei statt zehn Mitarbeiter pro Laden. Kein Preisetikett auf jedem Artikel (stattdessen hatten die Kassiererinnen die Preise auswendig zu lernen). Kein Auspacken der Ware. Keine teure Ladeneinrichtung. Keine Werbung. Keine Rabatte. Doch dieses Weniger führt sofort zu Mehr. Kunden reisen mit Bussen aus dem Umland an, um in Aldi-Läden einzukaufen. Es ist der Albrecht-Brü-der größter Sprung nach vorn. Die Umsatzleistung pro Mit-arbeiter schnellt innerhalb weniger Wochen auf das Zehnfa-che. Die Umsatz- und Renditewerte der ersten Serienmärkte überzeugen die Brüder so, dass sie sofort expandieren. Das nötige Kleingeld erwirtschaftet das Discount-System selbst. Durch den raschen Warenumschlag (circa 10 Tage verweilt ein Produkt im Schnitt im Laden), die Barzahlung in den Läden und das übliche Zahlungsziel bei den Herstellern (30 Tage) ist stets genügend Liquidität vorhanden, um die Ex-pansion ohne Bankkredite zu finanzieren.

Auch die Kunden in Dinslaken verstehen die Umstellung sofort. Die Sachen sind 20 bis 50 Prozent billiger als in den Supermärkten. Schnell bilden sich Schlangen die Neustraße hinunter. Noch am gleichen Tag eröffnet Karl, beseelt vom Anfangserfolg, auch im nahen Rheydt einen Discount. Da-nach geht es fast täglich Schlag auf Schlag: Walsum, Wesel, Bocholt ... Deutschland. Und dann die Welt.

Was daraus wurde

Das Discount-Prinzip ist die bisher größte Revolution des deutschen Einzelhandels in der Nachkriegszeit. Karl und Theo Albrecht avancierten seit den 1970er Jahren zu den beiden reichsten Deutschen.

Wie erfolgreich das Prinzip ist, zeigt auch ein anderer unter den »Top 5« der vermögendsten Bundesbürger: Der schwäbische Unternehmer Dieter Schwarz kopierte die Idee der Albrechts und gründete mit Lidl einen nahezu ebenso erfolgreichen Konkurrenten. Auch die beiden großen konventionellen Einzelhandelsgruppen Rewe und Edeka drängten mit eigenen Discount-Ablegern, Netto und Penny, in den deutschen Markt. Der Anteil der Discount-Märkte am deutschen Lebensmittelhandel beträgt heute etwa 43 Prozent.

Die beiden Aldi-Gruppen erwirtschaften einen Jahresumsatz von 60 Milliarden Euro. Doch das Prinzip muss sich wandeln: 2014 sank in Deutschland der Anteil der Discounter im Einzelhandel. Die Kunden verlangen vermehrt nach höherwertigen Lebensmitteln.

Lesetipps

Dieter Brandes, *Die 11 Geheimnisse des ALDI-Erfolgs*, Frankfurt am Main/New York 2003.

Eberhard Fedtke, *ALDI-Geschichten. Ein Gesellschafter erinnert sich*, Herne 2012.

Wolfgang Fritz, *Die Aldisierung der Gesellschaft – eine ökonomische Perspektive*, Braunschweig 2005.

1965

Ludwig Bölkow
Geburtsstunde von Europas Flugzeugindustrie

1962 Mit der durch die Stationierung sowjetischer Atomraketen auf Kuba ausgelösten Kubakrise erreicht der Kalte Krieg zwischen den Supermächten USA und UdSSR seinen Höhepunkt.

1963 Der deutsch-französische Freundschaftsvertrag wird unterzeichnet; die Schlüsselmächte der 1957 gegründeten Europäischen Wirtschaftsgemeinschaft beenden damit ihre Jahrhunderte lange Konfliktgeschichte.

1963 Konrad Adenauer (CDU) tritt nach über 14 Jahren als Bundeskanzler der Bundesrepublik zurück.

1963/64 Die ersten Langspielplatten der englischen Beat- und Rockgruppen »Beatles« und »Rolling Stones« erscheinen.

Das Prinzip Vogelflug

In den 1960er Jahren boomt die Luftfahrt. Doch in Europa ist die Branche so zersplittert, dass im Flugzeugbau US-Konzerne dominieren. Bis sich Luftfahrt-Pionier Ludwig Bölkow ein Herz fasst und die Branche vereint. Airbus entsteht. Eine Geschichte über die Kraft der Kooperation.

Die Sonne scheint am 18. Juni 1965 über dem Pariser Stadtteil Bourguet, hoch über den Köpfen der Menge zeigen tollkühne Piloten in röhrenden Maschinen ihre Flugkunststücke. Am Boden hat wie alle zwei Jahre alles, was in der Luftfahrt Rang und Namen hat, seine Messestände aufgebaut. Es ist Pariser Luftschau, und der Hauch von Fortschritt und Wohlstand liegt in der Luft. Das Kriegsgerät, das die Branche lange nährte, wird unwichtiger, während die zivile Luftfahrt boomt. Hersteller aus allen möglichen Ländern haben auf Plakate gedruckt und zum Teil mitgebracht, womit die neuen Mittelschichten des industrialisierten Westens demnächst in den Urlaub oder zu Geschäftsterminen fliegen sollen.

Durch das Getümmel bahnt sich ein bemerkenswertes Duo den Weg: Der eine, schwarze Hornbrille, hohe Stirn, ist Ludwig Bölkow, Gründer der Bölkow-Werke und einer der großen Männer der deutschen Luftfahrtindustrie. An seiner Seite ist Bernhard Weinhardt, Chef der Siebelwerke ATG. Die beiden streifen die Stände entlang und bleiben beim US-Flugzeugbauer Boeing stehen und versuchen, ins Gespräch zu kommen. Die Amerikaner lassen sie abblitzen. »Hochnäsig«, denkt Bölkow. Noch vor Ort wendet er sich an Weinhardt und sagt: »Denen müsste man mal eins draufgeben.«

Da trifft es sich gut, dass das Duo noch am gleichen Tag einen wichtigen Termin hat. Den *Salon Aeronautique* wollen sie nutzen, um den französischen General Puget, Präsident des Flugzeugwerks Sud Aviation, zu treffen. Nun, nach der Demütigung am Boeing-Stand, sind die beiden Deutschen voller Tatendrang, das Treffen erfolgreich anzugehen – und Pläne für ein gemeinsames europäisches Flugzeug in dem Gespräch voranzutreiben.

Es ist ein enges Kabuff, wie es damals für Messestände üblich ist, in dem die drei Herren sich zusammensetzen. Zunächst plagen sie noch Selbstzweifel. »Sollen wir überhaupt etwas in die Richtung tun oder sind die Amerikaner schon unschlagbar?«, fragt sich Puget. »Und wollen wir überhaupt mit den Franzosen zusammen etwas machen?«, fragen sich die Deutschen.

Aber sie kommen schließlich zu der Erkenntnis: Wenn sie es nicht zusammen packen, packt es erst recht keiner der drei einzeln. Geboren wird hier für Europas Luftfahrtindustrie das Prinzip »Vogelflug«: Ist einer zu schwach für die gesamte Wegstrecke zum Ziel, formiert man sich als Gruppe und gibt sich Windschatten, um es gemeinsam zu schaffen.

Sogar das Wort, das fortan Europas Luftfahrtindustrie elektrisieren wird, fällt schon in jenem engen Verschlag inmitten des Messe-Gewirrs: »Airbus«.

Es ist der erste Tag einer Revolution für die Branche. Bölkow, Messerschmitt, HFB, Dornier, Siebelwerke und noch unzählige mehr – die deutsche Luftfahrtbranche ist bis dato zersplittert, die europäische insgesamt nicht minder. Man baut allerlei kleines Fluggerät, droht aber international den Anschluss zu verlieren. Als etwa die Franzosen im Jahr zuvor in Deutschland einen Partner für ihr Hochgeschwindigkeitsflugzeug »Concorde« suchten, wandten sie sich frustriert wieder ab. Stattdessen holen sie sich die Engländer an die Seite – auf deutscher Seite gab es keinen Ansprechpartner. Die deutsche Politik? Träumte von einem Mittelstreckenflugzeug statt von einem Unterschall-Jet. Die deutsche Industrie? Sie war nicht sprechfähig, weil völlig zersplittert.

Dabei gelten die Aussichten der Luftfahrt als rosig: steigender Geschäftsverkehr, vor allem aber der wachsende Tourismus, der sich Mitte der 1960er Jahre erstmals für breite Schichten eröffnet. Die Passagierzahlen steigen um zwölf Prozent pro Jahr, die der Touristen um ein Drittel gar. Ein Boom, von dem bisher aber vor allem der amerikanische Konzern Boeing profitierte. 70 Prozent Weltmarktanteil an großräumigen Passagierflugzeugen hat er. Vor allem im Bereich der Strahltriebwerke, die nun einen immer größeren Anteil des Marktes erobern, ist Boeing führend.

Kampf gegen die Blockbildung

Den Beteiligten ist klar, dass zwei Dinge passieren müssen, soll die Luftfahrt in Deutschland noch ein Erfolg werden: Der Staat muss sie finanziell unterstützen, und die Firmen müssen kooperieren. Die Politik zögert jedoch, der Finanzminister mauert. Wirtschaftsminister Ludwig Erhard ist zwiegespalten, hat Sympathien für eine starke deutsche Luftfahrtindustrie, hält aber letztlich an seinem Dogma fest, der Staat müsse sich aus den Unternehmen weitgehend heraushalten.

Stattdessen tritt Erhard immer wieder an Bölkow heran, der so etwas wie der Klassensprecher der Flugzeug-Barone ist. Er solle endlich im Verkehrsflugzeug-Sektor etwas entwickeln. Bölkow redet sich jeweils heraus: »Keine Zeit.« Und meint in Wirklichkeit: »Keine Chance.« Zu klein, ahnt er schon Ende der fünfziger Jahre, sind die deutschen Anbieter, um den Branchenfürsten aus den USA im kostspieligen Flugzeugbau wirklich etwas entgegensetzen zu können.

Dabei weiß Bölkow, der geniale »Technosoph«, auf dessen Visitenkarte schlicht »Ingenieur« steht: »Die Zeit ist reif für ein europäisches Flugzeug.« Und Bölkow hat durchaus Erfahrungen mit Kooperationen. Er war an der Entwicklung der Lenkflugkörper Milan, HOT und Roland beteiligt, die in Zusammenarbeit mit französischen Konzernen entstanden.

Aber wie die deutschen Anbieter zusammenbringen? Zwischen der norddeutschen und der süddeutschen Flugzeugindustrie herrscht eine regelrechte Blockbildung. Allenfalls Dornier ist noch auf Kooperation gestimmt. Schon

1956 hatte der Branchenverband BDLI die Firmen ins Schloss Kronberg geladen, um sie aufeinander einzuschwören: »Einig sein und bestehen ist besser als getrennt marschieren und gegeneinander ausgespielt werden«, war damals das Motto. Es verfing nicht.

Willy Messerschmitt, schon aus Vorkriegszeiten eine Legende in der Branche, ohne den nichts geht, blockierte die Bemühungen seit Ende des Krieges. Er hält nichts von gleichberechtigter Kooperation. Lediglich die lose Form einer Arbeitsgemeinschaft kann er sich vorstellen. Zusammen errichten die süddeutschen Firmen Ernst Heinkel, Messerschmitt, Dornier und Bölkow ein Entwicklungsbüro. Als Bölkow anregt, auch seinen Gefährten Weinhardt einzubinden, blocken die anderen ab. Sie wollen den Neuling nicht. Aber auch der ehemalige Heinkel- und Messerschmitt-Mann Bölkow selbst hat Schwierigkeiten. So beklagen sich die Traditionsfirmen, die noch aus der Vorkriegszeit stammen, mehrmals, dass die junge Firma Bölkows den anderen interessante Aufträge und gute Mitarbeiter wegschnappe. Bölkow muss deshalb im Dezember 1957 versprechen, seine Entwicklungsmannschaft auf 200 Wissenschaftler und Ingenieure zu begrenzen. Messerschmitt hält ihn, der einst bei ihm angestellt war, für einen Emporkömmling und Blender, der in der Branche überhaupt nicht richtig verwurzelt sei.

Bölkow selber stöhnt: Die Messerschmitt-Fraktion der Traditionalisten seien simple »Blechbieger«, den Kollegen Blohm hält er für einen Nichtsnutz. »Mit dem war doch anfangs nichts zu machen.«

Einige Jahre geht das so, bis es den Europäern im Jahr 1965 doch zu brenzlig wird. Die Luftschau in Paris hat den letzten Ausschlag gegeben. Gerade zurück, hängen sich Weinhardt und Bölkow an die Telefone. Statt das eigene Tagesgeschäft zu leiten, trommeln sie in den nächsten Tagen die Industrie zusammen. »Erstaunlicherweise Zustimmung«, vermeldet Bölkow seinem Kompagnon Weinhardt nach den ersten Anrufen unter Kollegen knapp.

Keine halben Sachen

Zwei Wochen nach dem Pariser Gespräch treffen sich wieder einige Herren. Es ist der 2. Juli 1965. Schauplatz: das Münchener Hotel »Vier Jahreszeiten«. Die bayerische Landeshauptstadt beginnt gerade, sich zur Schickimicki-Metropole zu entwickeln. Durch die Lobby flaniert, wer es im Wirtschaftswunderdeutschland zu etwas mehr als Kleingeld gebracht hat. Inmitten des wirtschaftswunderlichen Treibens kommen fünf Herren zusammen, die vor allem das Geschäft im Sinn haben – und von einer besseren Zukunft ihrer Branche träumen. Und so unterzeichnen Bölkow, Dornier, Hamburger Flugzeugbau, Messerschmitt und die Vereinigten Flugtechnischen Werke Bremen eine Absichtserklärung zur Schaffung einer internationalen Zusammenarbeit. Schon im August wird im Deutschen Museum in München das wenige Wochen zuvor gegründete »Studienbüro Airbus« eingerichtet.

Bölkow liebt es, in Systemen zu denken. Er will nicht Einzelprobleme lösen, sondern ein ganzes System von Problemlösungen entwickeln. Der Airbus-Betrieb soll deswegen ein hochmodernes, perfektioniertes Transportsystem werden, in dem das Flugzeug selbst nur einen Teil ausmacht. Denn allein mit einem Kurzstreckenflugzeug einen optimalen, rentablen Betrieb zu sichern, gilt als unmöglich. Nur: Wer soll das alles bezahlen?

Bölkow begibt sich mit Weinhardt auf Schatzsuche. Im politischen Raum kommen sie nicht weiter. Und so trifft man sich am 3. Dezember 1965 wieder im Hotel »Vier Jahreszeiten« in München. Draußen graupelt sich der Winter heran, als im Innern weitgehend die Herren der Juli-Runde erneut zusammenkommen. Sie wollen dem Drängen nachgeben und gründen die Deutsche Arbeitsgemeinschaft Airbus mit Sitz in München. Diese soll einen Entwurf über ein gemeinsames internationales Verkehrsflugzeug erarbeiten. Noch am gleichen Tag schicken die Herren ein Fernschreiben an das Bundeswirtschaftsministerium. »Die unterzeichnenden Firmen sind sich darüber einig, ein gemeinsames deutsches Airbus-Projekt zu erarbeiten und das Ergebnis als Grundlage für Verhandlungen für ein gemeinsames europäisches Projekt dem Ministerium vorzulegen«, lautet dessen erster Satz.

Kurz vor Weihnachten 1965 sitzen Bölkow und Weinhardt zusammen. Beseelt davon, was sie im vergangenen halben Jahr alles angestoßen haben. Zwei Männer in einem Büro in Ottobrunn, die ihr Glück kaum fassen können. 1957 hatten sie sich, auch während der Pariser Luftschau, auf Vermittlung der Franzosen von Nord Aviation kennengelernt, ausgerechnet. »Nun haben wir acht Jahre später gewaltige, schlummernde Kräfte in Deutschland und Europa geweckt«, schwärmt Bölkow Weinhardt vor.

Als die Firmen sich endlich durchgerungen haben, ist es auf einmal die Politik, die nicht mehr hinterherkommt. Zwar beteiligt sich die Bundesregierung seit Anfang 1966 finanziell an dem Projekt, doch vor allem Frankreich zögert nun. Es dauert bis 1967, bis die Minister der Länder überhaupt einen Vertrag über die Projektierungsphase unterschreiben. Am 4. September 1967 dann gründen die Bölkow Siebelwerke ATG, Dornier, Messerschmitt – Flugzeug Union Süd, Hamburger Flugzeugbau und Vereinigte Flugtechnische Werke mit jeweils 20-prozentiger Beteiligung die Deutsche Airbus GmbH.

Im August 1970 wird nicht nur der erste Airbus ausgeliefert, es entsteht auch ein internationaler Konzern – mit allen Vor- und Nachteilen. So existieren etwa fünf deutsche, ein englisches und ein französisches Zeichnungssystem nebeneinander. Begriffe sind nicht deckungsgleich, Abrechnungssysteme unterscheiden sich genauso wie die Erfahrungen der Partner mit der Kalkulation einzelner Bauteile. Und dann streiten die Beteiligten unverdrossen weiter. Bölkow zieht ein entsprechend verhaltenes Fazit: »Es ist manchmal schwer, in Deutschland wirklich Freunde zu finden.«

Was daraus wurde

Seit Ende der 1960er Jahre hat Airbus eine wechselvolle Geschichte erlebt. Das fängt beim Namen an: Mal hieß das Konglomerat EADS, derzeit ist wieder Airbus angesagt. Mal dominierte im Konzern die Militärsparte, mal der Passagierflugzeugbau. Mal versuchte die private Industrie, den Konzern zu halten, mal war wieder der Staat gefragt. Was über all die Jahre aber gleich blieb: Airbus steht und fällt bis heute mit dem Willen aller Beteiligten zur Kooperation. Durchregieren ist in dem Konzern, in dem ein empfindliches Gleichgewicht zwischen allen beteiligten Nationen gewahrt wird, bis heute nicht angesagt.

Airbus ist heute der größte europäische und weltweit der zweitgrößte Flugzeughersteller. Montagewerke stehen in Frankreich, Deutschland, Spanien und Großbritannien. Die Gruppe ist zudem zweitgrößter europäischer Rüstungskonzern. Für Airbus arbeiten mehr als 140 000 Mitarbeiter, der Gesamtkonzern setzt pro Jahr etwa 60 Milliarden Euro um (und verdiente zuletzt etwa vier Milliarden Euro). Der Kern des Fluggeschäfts ist in der Tochter Airbus gebündelt, die heute in Toulouse in Frankreich sitzt. Neben Deutschland und Frankreich (jeweils etwa zwölf Prozent) hält auch Spanien Anteile an dem Konzern.

Lesetipps

Ulrich Kirchner, *Geschichte des bundesdeutschen Verkehrsflugzeugbaus: Der lange Weg zum Airbus*, Frankfurt / New York 1998.

Ludwig Bölkow, *Der Zukunft verpflichtet. Erinnerungen*, 2. durchgesehene und erweiterte Neuauflage, München/Berlin 2000.

1972

Dietmar Hopp
Neustart in der Computerwelt

1965 In der Bundesrepublik sind 48 Prozent der Beschäftigten in der Industrie und im Handwerk beschäftigt, 41 Prozent arbeiten in den Branchen des Dienstleistungssektors.

1967/68 Die außerparlamentarische Oppositions- und Studentenbewegung revoltiert gegen die Notstandsgesetzgebung, den Krieg der USA in Vietnam und autoritäre Tendenzen an den Universitäten.

1969 Bundeskanzler Willy Brandt (SPD) bildet die erste sozialliberale Koalition.

1970 In westdeutschen Haushalten, die nahezu flächendeckend mit einem Fernsehgerät ausgestattet sind (seit 1967 zunehmend in Farbe), wird durchschnittlich drei Stunden täglich ferngesehen.

Sturm und Drang aus Mannheim

Mit Hoffnung und Fantasie schickt sich 1972 eine Handvoll IBM-Programmierer um Dietmar Hopp an, die Computerwelt zu revolutionieren. In einem Nylonfaserwerk nutzen sie die Chance ihres Lebens – und gründen den jüngsten deutschen Weltkonzern.

Nichts deutet darauf hin, dass dies ein besonderer Auftrag werden wird. Es ist das Jahr 1972: Dietmar Hopp, 32 Jahre, betritt im schnittigen schwarzen Anzug die Fabrik des britischen Chemiekonzerns Imperial Chemical Industries (ICI) in Östringen, einer Kleinstadt bei Heidelberg. Hopp ist »Operator« des amerikanischen Computerriesen IBM. Sein Auftrag beim Chemiekonzern ist alles andere als ein Abenteuer. Hopp hat die Aufgabe bekommen, die Auftrags- und Versandabwicklung sowie den EDV-Bereich zu überarbeiten. Er soll den IBM-Computer betreuen, den der Kunde für etliche tausend Mark im Monat geliehen hat, und dafür sorgen, dass die Programme reibungslos laufen. Programmierer-Schwarzbrot, würde es in der Branche heißen. Aber gut bezahlt: IBM-Jobs sind in diesen Tagen so sicher wie ein Stammplatz im Lehrerzimmer.

Hopp kommt mit dem 28-jährigen Hasso Plattner, seinem bubenhaften Assistenten im sackartigen Anzug. Die beiden Kundenbetreuer passieren die klinisch sauberen Hallen, die vor kurzem auf der grünen Wiese entstanden sind. Unter grellem Neonlicht rattern die Maschinen 24 Stunden am Tag, 2 000 Menschen arbeiten hier. Sie verschmelzen Polymer-Granulat und ziehen das Material auf Spinnmaschinen zu feinsten Nylonfäden. Es ist das größte Werk für Nylonfäden in ganz Europa. Kaum ein Damenstrumpf, der ohne ICI-Fasern auskommt.

Für Hopp und Plattner geht es vorbei an der chemischen Zwirbelkunst, hinein in die modernen Verwaltungsgebäude, die sogar klimatisiert sind. Hier thront das Prunkstück, der IBM-Großcomputer, ein hoher Schrank mit Knöpfen und Schaltern. Der Rechner hat 28 Kilobyte Hauptspeicher (RAM).

Die IBM-Experten kümmern sich um die »Stapelverarbeitung« und bringen die Programme, die der Computer abarbeiten soll, in eine sinnvolle Reihenfolge. Es ist ein mühsames Geschäft. Das zeigt sich etwa bei der Auftragserfassung: Per Hand kritzeln die Verkäufer die Bestellung auf Formulare. Die Formulare wandern dann in den Lochkartensaal. Lautes Klacken erfüllt diesen Raum. 20 Mitarbeiterinnen, die Typistinnen, sitzen hier. Mit flinken Fingern tippen sie die Informationen in Geräte, die an Schreibmaschinen erinnern. Doch statt normalen Papiers sind hellgrüne, rote und gelbe Lochkarten das Arbeitsmaterial. Und anstelle von Buchstaben stanzen die Typistinnen Löcher in die Karten. Hunderte Symbole sind darauf zu sehen, die Löcher müssen genau an den richtigen Stellen platziert werden. In großen Stapeln holen die IBM-Operatoren die Lochkarten ab und verfüttern sie im »Stapelbetrieb« an den Computer, der die Löcher schließlich in Daten übersetzt. Doch wehe, der Lochkarten-Stapel fällt vorher hin. Dann muss neu sortiert werden: verschwendete Lebenszeit.

Hopp und Plattner beherrschen das System, es ist die aktuellste Technik auf dem Markt. Doch bei ihrem Auftraggeber stoßen sie nicht nur auf Begeisterung. Das liegt an Hermann Meier, dem EDV-Chef des Unternehmens. Schnell stimmt die Chemie zwischen Meier und den IBM-Männern. Meier redet Tacheles. Auf ihn wirkt das Verfahren wie Rückschritt. »Da wählt man sich einen vergoldeten Rolls-Royce«, wettert er, »und weiß nicht, wohin man fahren will.« Der Computer, findet er, könne viel mehr, als es die Programme zulassen. »Mit dem Dampfhammer werden Erdnüsse geknackt.« Ärgerlich sind für ihn vor allem diese schrecklichen Lochkarten und der Stapelbetrieb.

Hopp versteht seinen Kunden nur zu gut. Immer und immer wieder programmiert der studierte Nachrichtentechniker für Unternehmen maßgefertigte Software. Dabei wollen die meisten Firmen genau das Gleiche von ihrer Software. Hopp denkt laut darüber nach, wie es wäre, ein Standardprogramm zu entwickeln, so wie man im übrigen Leben auch viele Dinge vorproduziert. Man bestellt ja seinen Anzug auch nicht mehr beim Schneider, sondern kauft ihn von der Stange. Wieso gibt es keine Computerprogramme von der Stange, fragt Hopp, die alle Unternehmen gleichermaßen nutzen können?

Meier findet Gefallen an diesem Hopp. Dass der Jungspund etwas Besonderes ist, hat er gleich gespürt. Sie schließen einen Deal: Am Wochenende und nach Feierabend, bis in die Nacht, dürfen Hopp und seine Kollegen am ICI-Groß-rechner an einem neuen Programm tüfteln, die Finanzbuch-haltungssoftware RF (das »R« steht für »Realtime«). Ihr Vorhaben ist eine Weltneuheit, alles andere als trivial. Es soll endlich Schluss sein mit den Lochkarten. Den Program-mierern schwebt eine Software vor, die Daten in Echtzeit verarbeitet. Statt die Informationen auf Lochkarten zu spei-chern und einzuspeisen, hoffen die Entwickler auf eine bis dahin kaum erprobte Übung: die Dateneingabe über Tas-tatur, nachlesbar auf Bildschirmen. Eine Revolution.

Sprung in die Selbstständigkeit

Es ist eine kühne Wette auf den Fortschritt der Technologie. Denn noch sind die Computer in ihrer Leistung stark be-grenzt. Viel Fantasie und Hoffnung sind vonnöten, um an die neue Nutzung zu glauben. Hopp bringt beides mit. Er sieht die Chance, dass sein Lebenstraum wahr wird: endlich reich zu werden. An der Uni Karlsruhe hatte er als Student noch Lochkarten für den Großrechner von Konrad Zuse, einem hessischen Computerhersteller, gestanzt. Der ICI-Computer ist jetzt die Aussicht auf etwas Eigenes. Denn ei-nen eigenen Computer kann er sich nicht leisten.

Seine Frau ist zunächst wenig begeistert. Gerade erst sind sie nach Walldorf gezogen, gerade erst wurde ihr Sohn ge-boren. Und jetzt sollen sie alles riskieren? Wieso bleiben sie nicht auf der sicheren Seite, wie Hopps Bruder Rüdiger, der auch bei IBM arbeitet?

Doch Stürmer Hopp will aufs Ganze gehen, so wie auf dem Fußballplatz, wo er für die TSG Hoffenheim auch gerne mal aus aussichtsloser Position zum Torschuss ansetzt. Angst, da ist er sich sicher, ist die Ursache für Misserfolge – in allen Lebenslagen. Er verspricht ICI-Mann Meier also, die gewünschte Wundersoftware zu liefern – aber mit einer eigenen Firma. Schon länger hat er bei IBM mit dem »C-Klaus«, Betriebswirt Claus Wellenreuther, von dem Sprung in die Selbstständigkeit geträumt. Jetzt ist der Zeitpunkt gekommen. Hopps Assistenz Plattner stößt ebenso dazu wie der »K-Klaus«, Klaus Tschira. Mathematiker Hans-Werner Hector komplettiert die Gründertruppe. Sie sind wagemutig, bereit, ihren bisherigen Job aufzugeben.

Gemeinsam, Wochen vor dem letztmöglichen Kündigungstermin, gehen die IBM-Mitarbeiter zu ihrem Niederlassungsleiter und unterbreiten ihm, dass sie sich selbstständig machen werden. Der reagiert nicht sonderlich überrascht. Bei IBM wissen die Kollegen längst Bescheid, dass ICI ein Auge auf die Fachleute geworfen hatte. Spontan sagt der Chef: »Jung, wenn ich zehn Jahre jünger wäre, würde ich gerne mitmachen!«

Die erste Firmenzentrale der GbR namens »Systemanalyse und Programmentwicklung« (SAP) ist ein viergeschossiges Geschäftshaus mit Flachdach, Adresse O7, 12. Die Jung-Unternehmer haben eine Vierzimmerwohnung gemietet. Ein Aufenthaltsraum, zwei Büros, während sie das vierte Zimmer für ein paar Mark einem Anwalt überlassen. Viel Zeit im Büro verbringen sie sowieso nicht.

ICI ist der erste Auftrag der SAP. Gegen einen moderaten Stundensatz versprechen die Gründer, ein Standardprogramm zu entwickeln. ICI soll unbegrenzt die Wartung und Fortentwicklung erhalten. Im Gegenzug dürfen Hopp und Co. nachts und an den Wochenenden den teuren IBM-Computer nutzen. Und, noch wichtiger: Sie behalten die Rechte an der Software. Tagsüber arbeiten die Programmierer hart. Sie übersetzen Programmteile, die bislang von Hand gemacht wurden, in die Makrosprache, kümmern sich um die Datenbank, um Puffermechanismen und das Berichtswesen.

Schließlich die Umstellung auf ein anderes Betriebssystem, was freilich ausgeklügelt ist. Das kleine Team von Programmierern schickt sich an, die Computerwelt zu revolutionieren, die in der Verknüpfung verschiedener Aufgabenbereiche liegt. Es gibt Bausteine für die Finanzbuchhaltung, ebenso wie für den Einkauf, die Bestandsführung, den Auftragseingang, die Materialplanung sowie für Rechnungsstellung und -prüfung. Eingepflegte Rechnungen etwa kann die Software prüfen und gleich verbuchen, Daten aus der Materialwirtschaft landen automatisch in der Finanzbuchhaltung.

Erst abends, um 18 Uhr, wenn die Tagesschicht der ICI in den Feierabend geht, folgt die Kür. Erst jetzt können die Programme getestet werden, vorher braucht ICI alle Kapazitäten für den laufenden Betrieb. Die Probeläufe gehen oft bis morgens um 6 Uhr, wenn die ICI-Frühschicht wieder anrückt.

Nach einem halben Jahr funktioniert die Datenübertragung per Knopfdruck. Schluss mit den Lochstreifen und der Stapelarbeit. Auf den neu angeschafften Monitoren dauert es nicht einmal einen Wimpernschlag – und die gewünschten Daten erscheinen. Meier ist begeistert, will die Technik auch für Bestandsführung, Rechnungsprüfung und Einkauf einführen. Jeden Monat, rechnet er seinen Chefs vor, spart das System 58 000 Mark ein.

Für die junge Softwarefirma SAP ist das der Durchbruch. Ihr Mut wird belohnt. Am Jahresende 1972 verbucht das Unternehmen einen Umsatz von 640 000 Mark. Weitere Auftraggeber folgen: Burda, Böhringer Mannheim, Knoll, Freudenberg. Der Grundstein für Deutschlands einzigen IT-Konzern von Weltruf ist gelegt.

Was daraus wurde

Wenige Jahre nach der Gründung zog SAP nach Walldorf in eine eigene Firmenzentrale mit Rechenzentrum um. 1982 übersprang das Unternehmen die Hürde von 100 Mitarbeitern. In den ersten zehn Jahren wuchs SAP durchschnittlich um 45 Prozent pro Jahr. 1989, ein Jahr nach dem Börsengang, durften die Aktionäre erstmals jubeln: Die junge AG knackte die Umsatzgrenze von 100 Millionen Mark. Nur sechs Jahre später fiel die Milliardenhürde.

Heute ist das Unternehmen der größte Hersteller von Unternehmenssoftware. Der Umsatz im vergangenen Jahr betrug 17,6 Milliarden Euro. 74 500 Mitarbeiter arbeiten in 130 Ländern für das Walldorfer Unternehmen.

43 Jahre nach der Gründung muss sich SAP neu erfinden. Wurden die Programme bislang von Experten bei den Kunden vor Ort aufwendig installiert und die Lizenzgebühr vorab bezahlt, nutzen Firmen die Software heute gegen eine Abogebühr immer öfter über das Internet (»Cloudcomputing«).

1977

Martin Herrenknecht
Weltmarktführer
aus der Provinz

1973 Die erste Ölpreiskrise beendet die Boomphase der westdeutschen und westeuropäischen Nachkriegswirtschaft.

1973 Die 1961 aufgenommene gezielte Anwerbung ausländischer Gastarbeiter für die westdeutsche Industrie, mit der der Ausländeranteil an der Beschäftigtenzahl auf 11,9 Prozent angestiegen war (darunter die Türken als größte nationale Gruppe mit mehr als 600 000 Personen), läuft aus.

1975 Mit der Schlussakte der »Konferenz für Sicherheit und Zusammenarbeit in Europa«, die die Wahrung von Menschen- und Grundrechten vorsieht, setzt die innere Erosion der sozialistischen Gesellschaften und Herrschaftssysteme in den Warschauer Pakt-Staaten ein.

»German Mittelstand«

Ende der 1970er Jahre ist der Mittelstand in Deutschland noch sehr provinziell. Erst langsam beginnt die Globalisierung dieser einmaligen deutschen Unternehmen. Ein Mythos entsteht. Das hat mit einem Mann zu tun, der sich mit Durchbrüchen auskennt. Hier ist seine Geschichte.

Luxemburg ist nicht die Welt, aber immerhin ein Anfang, als sie an diesem Tag im Jahr 1977 ein Geschäft besiegeln. Man werde, einigen sich die Parteien, bezüglich dreier Maschinen Geschäfte miteinander tätigen: ein Bunkerband werde an die GKN Keller in Offenbach zu liefern sein, Kostenpunkt 20 000 D-Mark; ebenso eine MH-3-Tiefbohrmaschine zu 110 000 D-Mark und eine etwas günstigere MH-2.

Martin Herrenknecht ist sehr zufrieden an diesem Tag. Man kann wahrlich nicht behaupten, dass die vergangenen Jahre besonders reibungslos gewesen wären. Der Vertrag mit der Tiefbaufirma aus Offenbach aber könnte, da ist sich Herrenknecht nun sicher, sein endgültiger Durchbruch werden. Denn es geht darum, dass er, der junge Unternehmer, seine Erfindung endlich auch im Ausland vorstellen darf. Die GKN Keller möchte seine MH-3 in Luxemburg einsetzen, um Röhren für einen Abwasserkanal zu ziehen. Gut, es ist »nur« Luxemburg. Aber nach Luxemburg könnte ja vielleicht die Schweiz kommen, dann Frankreich, dann die Welt. Die Hoffnung spricht an diesem Tag noch im Konjunktiv. Aber wer weiß …

Herrenknecht hat diesen Durchbruch kaum erwarten können. Die mittelständischen Unternehmer in seiner Nachbarschaft, und davon gibt es zwischen Baden und Schwaben durchaus den ein oder anderen, sind zwar kauzige Zeitgenossen, die am liebsten in Ruhe vor sich hin ihre Geschäfte machen, wenig von der Welt gesehen haben und wenig von der Welt erwarten. Herrenknecht aber will mit seiner Erfindung, den einmaligen Tiefbohrmaschinen, rasch in die Welt. Er weiß: Der deutsche Markt wird für derlei Spezialgerät nicht lange groß genug sein. Also will er, muss er raus und über die Landesgrenzen hinaus.

Es ist eine sehr einfache, aber auch sehr weise Alltagsbeobachtung, die seine Strategie prägt: »Wo der Zirkus gut läuft, musst du dein Zelt aufstellen. Wenn er dann aber irgendwann schlechter läuft, muss du es auch wieder abbauen.« Nur, damit der Zirkus läuft, müssen die Menschen zumindest mal einen Blick auf die wilden Tiere oder Clowns erhascht haben können. Übersetzt in Herrenknechts Situation: Du darfst nicht nur sicher sein, über die beste Erfindung zu verfügen, du musst deinen Kunden auch erste erfolgreiche Referenzen zeigen können. »Sonst sagen die Leute: ›Wir sind keine Versuchskaninchen, wir wollen zunächst woanders sehen, dass die Technik funktioniert‹«, beobachtet Herrenknecht.

Zur Not durch Stock und Stein

So sind die vergangenen zwei Jahre schon ins Land gegangen. Seit 1975 tingelt Herrenknecht mit seiner Idee, seinen Konstruktionsplänen und seinen Argumenten durch die Lande. »Ja, interessant«, hört der Mittdreißiger überall. Aber ob das funktioniere? Na ja.

Herrenknecht ist sich seiner Sache jedoch sicher: Er hat nicht umsonst zehn Jahre zuvor seinen Diplom-Ingenieur an der Fachhochschule Konstanz gemacht, in kanadischen und Schweizer Firmen Erfahrungen gesammelt und beim US-Konzern John Deere riesige Landmaschinen konstruiert. Er weiß, wie das Geschäft läuft, und sieht in der Welt den Willen der Menschen, zusammenzuwachsen, einander schneller zu erreichen. Dafür aber braucht es Tunnel, schnelle Verkehrsverbindungen, zur Not durch Stock und Stein.

Er hat zwischen 1971 und 1975 den maschinentechnischen Dienst auf der Baustelle des Schweizer Seelisberg-Tunnels geleitet, eines der größten transalpinen Verkehrsprojekte dieser Zeit. Er hat gesehen, wie mühsam sich die Arbeiter durch den Berg sprengen mussten, und entwickelt langsam eine Idee, wie das einfacher werden könnte: Wie der Bohrer durch die Wand könnte der Bohrer doch auch durchs Erdreich gleiten. In Nordamerika hat Herrenknecht gesehen: Genauso wichtig wie eine Idee ist der Mut, sie auch durchzusetzen. In der Schweiz hat er gelernt: Neben Mut schaden auch Gründlichkeit und Augenmaß nicht auf dem Weg zum Erfolg. 1975 lässt Herrenknecht sein selbstständiges Ingenieurbüro eintragen. 25 000 D-Mark leiht er sich von seiner Mutter, um die Gründung zu finanzieren.

Und er findet an der heimischen Fachhochschule in Offenburg Ingenieure als Mitarbeiter. Er setzt auf sein soziales Kapital. Zumindest in Sachen Mitstreitern hilft ihm das zunächst. Es fehlt eben nur besagter erster Kunde.

Herrenknecht fängt klein an: Kleinere Bohrer als solche, die eigentlich technisch möglich sein müssten, bietet er an. Einsatzmöglichkeiten: Kanalbaustellen, Leitungen, so was eben. Ein Jahr vergeht, bis der erste Kunde einschlägt. Und doch reicht Herrenknecht das nicht zur Rast. Er hat am Seelisberg erlebt, welche konstruktive Kraft entsteht, wenn Fachleute und Techniker aus vielen verschiedenen Nationen zusammenarbeiten; bei John Deere hat er erlebt, wie angelsächsische Konzerne keine Scheu haben, auch auf ausländischen Märkten zu wachsen. Es beginnt, was die Ökonomen seit einiger Zeit Globalisierung nennen: die Perfektionierung von Adam Smiths altem Theorem der internationalen Arbeitsteilung, die die Segnungen des Kapitalismus erst so richtig über den Menschen verteilt. Das aber heißt auch: Nur in Deutschland kann kein Unternehmen auf Dauer die Schlagkraft halten, dabei mitzumischen.

Allein unter Eigenbrötlern

Es fehlen jedoch Vorbilder: Es gibt im Südwesten der Republik den Würth, klar, den Dübel-Fischer oder auch den Leibinger. Vor allem aber gibt es viele namenlose Mittelständler, denen es reicht, vor sich hinzuwerkeln. Die in der Nachkriegs-Wirtschaftswunderzeit gute Geschäfte machten, sich freuten, als Europa über die Gemeinschaft für Kohle und Stahl (EGKS) zusammenwuchs, deren Horizont aber dennoch in aller Regel an den Landesgrenzen endet. »Was macht der da?«, staunen viele mittelständische Kollegen, als Herrenknecht im Ausland akquiriert. Luxemburg, vielleicht noch die Schweiz, das können sie vielleicht noch verstehen. Aber Herrenknecht schielt auch in Richtung Großbritannien, Frankreich, ja sogar in Richtung Irak. »Wie ein Exot«, gesteht er, fühle er sich unter all diesen Kollegen.

Klar, Vater Herrenknecht war schon ein weltoffener Typ. Er führte zwar seine eigene Polsterei, schickte aber den Junior eben in die Welt, auf dass sie ihn präge. Deswegen ist es Herrenknecht so wichtig, als er die erste MH-3 nach Luxemburg liefert. 1,20 Meter Durchmesser hat der Bohrer. Ein Vorzeigeprojekt deutscher Ingenieurskunst ist sie, als die Maschine in Luxemburg zusammengebaut ist und zum Einsatz bereitsteht.

Sie röhrt los und stockt dann doch: Statt – wie nach den Bodenproben erwartet – Lehm finden die Arbeiter felsigen Grund an der Einsatzstelle. Ein Findling, zwei Kubikmeter groß, versperrt den Weg. Herrenknecht und sein Team aber sind vor Ort, um die Luxemburger zu unterstützen. Zum Glück, wie sich herausstellt. Der Findling wird brachial zerkleinert, der Bohrer beißt sich schließlich durch. Dies in gleich doppelter Hinsicht: Nach der gelungenen Generalprobe in Luxemburg kommt das Geschäft in Gang. Von Beginn an gelingt Herrenknecht, was kaum einem Mittelständler gelingt: Das Auslandsgeschäft ist wichtiger als das Inlandsgeschäft. Die Aufträge folgen im Stakkato, denn die Fietz & Leuthold AG aus dem Schweizer Wallisellen kauft als erster ausländischer Kunde 1978 zwei weitere Maschinen aus der MH-Serie.

Herrenknecht stellt weiter Leute ein. Besonders gerne nimmt er Absolventen der Fachhochschule Offenburg: Die sind nicht nur technisch fit, sondern im Dreiländereck Schweiz–Frankreich–Deutschland auch internationaler geprägt als Absolventen in weiten Teilen Deutschlands. Und sie können endlich verwirklichen, wovon Herrenknecht von Beginn an träumt: richtig große Tunnelbohrer. Die nordfranzösische Stadt Lille bestellt den ersten Anfang der 1980er Jahre – sie will damit eine U-Bahn bauen. 1982 schickt Herrenknecht seine Leute dann in den Irak. Und plötzlich stehen nicht nur die Nachbarländer, sondern die ganze Welt offen.

1985 wickelt die Firma in Thailand ihr erstes Auslandsprojekt komplett in Eigenregie ab. 1988 gründet die Firma, mittlerweile zu einem stattlichen Unternehmen angewachsen, die erste Auslandstochter in Großbritannien. Herrenknecht schielt da schon gen Osten, in jenes Riesenreich, das sich langsam zu wandeln beginnt: China.

Der Zirkus ist da jetzt gefragt, also baut Herrenknecht sein Zelt dort auf – zunächst, indem er ab 1990 Symposien über die Vorteile der Tiefbohrmaschine an sich hält. Und so seine eigene Biografie wiederholt. Wie schon 13 Jahre zuvor gilt: Wer etwas werden will, braucht Geduld. Vier Jahre wirbt und erklärt Herrenknecht in China, bis es den ersten Auftrag gibt. Schanghai will einen 840 Meter langen Abwasserkanal bauen. Herrenknecht bohrt die zwei Röhren.

Der Mittelständler aus dem Schwarzwald ist nun mitten in der Welt. »Made in Germany« wird zum Markenzeichen, der deutsche Mittelstand zum Mythos. Und Herrenknecht? Dessen Eroberungsdrang ist so groß wie eh und je, er träumt von Projekten in Südamerika oder Iran und verzweifelt an seinen Landsleuten. Die, das ist seine große Angst, seien zu wenig technikfreundlich, zu wenig begeistert von großen Bauprojekten. »Ein Chinese hat mir gesagt: ›Wenn du ein lebendes Museum sehen willst, fahr nach Deutschland.‹«

Was daraus wurde

Firmen wie Herrenknecht wurden in den vergangenen Jahren als »German Mittelstand« bekannt und berühmt. Die Nischen-Weltmarktführer, Familienunternehmen und Innovationsführer sind zum Aushängeschild der deutschen Wirtschaft geworden. Mehr als 99 Prozent aller deutschen Unternehmen gehören zum »German Mittelstand«. Er steuert fast 55 Prozent zur gesamten Wirtschaftsleistung des Landes bei und erwirtschaftet beinahe 36 Prozent des gesamten Umsatzes deutscher Unternehmen, 2011 waren das rund 2,1 Billionen Euro. Diese Unternehmen stellen knapp 60 Prozent aller sozialversicherungspflichtigen Beschäftigten in Deutschland.

Lesetipp

Hermann Simon, *Hidden Champions des 21. Jahrhunderts: Die Erfolgsstrategien unbekannter Weltmarktführer*, Frankfurt am Main/New York 2007.

1991

Birgit Breuel
Machtwechsel bei der
Treuhandanstalt

1982	Helmut Kohl (CDU) wird Bundeskanzler – und im Zuge des deutschen Wiedervereinigungsprozesses 1989/90 zum »Kanzler der Einheit«.
1983	Die Partei »Die Grünen« wird erstmals in den Bundestag gewählt; sie repräsentiert fortan in den Parlamenten die Ökologie-, Frauen- und Anti-Atom-Bewegung.
1986	Mehrere Reaktoren eines Atomkraftwerks in der sowjetischen Stadt Tschernobyl explodieren und machen die weitere Umgebung durch die erhöhte Strahlung auf unabsehbare Zeit unbewohnbar.
1989/90	Die »friedliche Revolution« in der DDR im Herbst 1989 führt zum Fall der Mauer, zum Sturz der SED und zum Ende der Zweistaatlichkeit in Deutschland (»Wiedervereinigung«).

Verblühte Landschaften

Nach dem RAF-Attentat auf den Treuhand-Präsidenten Detlev Karsten Rohwedder übernimmt die CDU-Politikerin Birgit Breuel die Privatisierung der ostdeutschen Wirtschaft. Trotz Anfeindungen und Milliardenkosten verfährt sie nach einem Motto: Augen zu und durch. Über die wilden Wirtschaftsjahre nach der Wende.

Im Raum 4379 der Treuhandanstalt an der Leipziger Straße in Berlin findet sich an diesem Vormittag des 27. November 1991 eine große Runde zusammen. An der Stirnseite des Tischs hat Emilio Riva Platz genommen, Chef der italienischen Riva-Gruppe. Er ist ein eleganter Mitt-Sechziger, durch dessen dunkles Haar sich erste Spuren des Alters ziehen. An den Längsseiten sitzen sich die Vertreter des Landes Brandenburg sowie Aufsichtsräte, Geschäftsführer, Betriebsräte und Vertreter der IG Metall gegenüber. Hinzu kommen einige Industrie-Beauftragte der Treuhand.

Riva ergreift schnell das Wort. Er will aus den Überresten der DDR die Stahlwerke Hennigsdorf und Brandenburg übernehmen. Das Treffen ist das Ergebnis eines Gesprächs, das die Treuhand-Chefs wenige Tage zuvor mit Brandenburgs Ministerpräsident Manfred Stolpe geführt haben. Stolpe hatte sich dafür eingesetzt, Betriebsräten und Gewerkschaftern Einblick in den Stand der Privatisierungsgespräche zu geben. Es sollte endlich dem Vorwurf begegnet werden, die Treuhand würde zum Nachteil der Belegschaft verhandeln; ja sie sei neuerdings einseitig marktgläubig auf Kosten der Menschen im Osten.

Vor allem dem Betriebsrat des Stahlwerks Hennigsdorf fällt es schwer, Riva auch nur zuzuhören. Immer wieder unterbricht er den Italiener. Der Stahl-Magnat betont, er freue sich darüber, dass die Treuhand keinen Unterschied zwischen ausländischen und privaten Investoren mehr mache. Dann stimmt der Italiener die große Oper an: »Für unser Interesse an Investitionen in Deutschland möchte ich drei Gründe nennen: Erstens glaube ich an die Zukunft der neuen Länder und die Professionalität der Stahlwerke, zweitens war der deutsche Markt immer ein wesentlicher Orientierungsmarkt und Absatzmarkt unserer Gruppe, und drittens, da der Stahl immer ein sehr armes Produkt ist, kann er keine hohen Transportkosten vertragen. Deshalb wollen wir im Zentrum des Verbrauchs präsent sein.« Und als die Hennigsdorfer Betriebsrats-Vertreter noch immer skeptisch gucken, ergänzt Riva: »Wir wollen doch kein Geld investieren, um die Produktion zu senken oder gar einzustellen.«

Einige Büros weiter sitzt eine Dame, für die die vergangenen Monate die aufreibendsten ihrer bis dahin so reibungslosen Politikerkarriere waren, und verfolgt den Stand der Gespräche. Die konkreten Verhandlungen sind wie immer den zuständigen Managern überlassen, aber für den Fall interessiert sie sich stärker als für die vielen tausend anderen. Riva ist ein Glücksfall für Birgit Breuel, die noch einigermaßen frischgebackene Präsidentin der Treuhandanstalt zur Privatisierung der ehemaligen DDR-Staatsbetriebe.

Es ist keine drei Tage her, da hat sie in einer großen Rede an die Mitarbeiter ihre Ziele und Ansprüche für das Milliardenvorhaben Privatisierung der DDR-Wirtschaft formuliert. Eines ihrer Hauptziele lautet: »Bemühungen um die Internationalisierung der Privatisierung«. Riva könnte ein Ergebnis solcher Mühen sein. Übernimmt der Italiener die maroden ostdeutschen Stahlwerke, hat sie gleich zu Beginn ihrer Amtszeit ein starkes Signal in puncto Internationalisierung gesetzt. Ringen ihre Unterhändler Riva zudem ein paar Zugeständnisse ab, kann sie den Vorwurf der einseitigen Marktgläubigkeit auf Kosten des Sozialen abwehren.

Stattdessen will Breuel, was sie in ihrer Antrittsrede so formuliert: »Wir kaufen ein: Unternehmerisches Management, technologisches Know-how, Vertriebswege und letztlich Märkte. Wir bringen ein: Bestandszusagen und damit kurzfristig gesicherte und mittelfristig neue Arbeitsplätze. Wir fordern ein: Investitionen in die Zukunft.« Riva passt zu allen diesen Kriterien. Er könnte an diesem Tag dem unerwarteten Aufstieg Breuels zur mächtigsten Frau der deutschen Wirtschaft einen positiven Dreh geben.

Im Zweifel: Für den Markt

Denn eigentlich hätte sie in diesen Tagen gar nicht hier sein sollen. Der Manager Detlev Karsten Rohwedder war als Chef der Treuhand bereits angetreten. Er sollte eigentlich das Wahnsinnsunternehmen, die komplette ostdeutsche

Wirtschaft unmittelbar nach der Wiedervereinigung 1990 zu privatisieren, durchziehen. Breuel war nach einer Zeit als Ministerin in Niedersachsen als einfaches Vorstandsmitglied in die Behörde berufen worden.

Doch am Ostermontag 1991 ermordeten RAF-Terroristen den Treuhandchef. Nach Wochen des Zögerns ringt sich Bundeskanzler Helmut Kohl schließlich dazu durch, Breuel zur Nachfolgerin zu küren. Er wollte die Niedersächsin eigentlich nicht: Sie galt als Verbündete der parteiinternen Opposition, zudem wenig charmant im Umgang. Eine trockene Norddeutsche, mit wenig zur Schau gestellter Herzlichkeit. Aber wie das so ist: Kohl brauchte schnell einen Rohwedder-Nachfolger und fand niemanden. Also ließ er sich aus Kreisen der deutschen Wirtschaft überzeugen: Wenn es jemand packt, dann Breuel.

Sie übernimmt für ihre Arbeit die Grundsätze, die Rohwedder wenige Tage vor seinem Tod formuliert hat. »Schnell privatisieren, weil wir der Auffassung sind, dass Privatisieren die beste Form der Sanierung ist. Das zweite Motto heißt: Entschlossen sanieren. Da, wo Zukunft möglich ist, soll Sanierung durchgeführt werden, um auch hier den Menschen mehr Mut und Hoffnung zu machen. Und das dritte Motto heißt: Behutsam stilllegen«, sagt Breuel zum Amtsantritt.

Das knüpft nahtlos an ihre Ministerzeit an, in der sie viele Niedersachsen mit einem kompromisslosen »Markt vor Staat«, bis hin zu Versuchen, Volkswagen zu privatisieren, erschreckte. Ihr Vater, der Hamburger Bankier Alwin Münchmeyer, diktiert einem Journalisten nach kurzem Nachdenken über seine Tochter in den Schreibblock:

»Sie weiß sich durchzusetzen.« Als niedersächsische Wirtschaftsministerin und später als Finanzministerin galt sie als einziges Regierungsmitglied in Hannover, das dem selbstherrlichen Landesvater, Ministerpräsident Ernst Albrecht, zu widersprechen wagte. Oppositionelle Sozialdemokraten nannten sie »Birgit Greuel«. In Hannover perfektionierte sie auch ihr Image als kompromisslose Verfechterin der Marktwirtschaft. Der Einfluss des Staates müsse auf wenige Kernbereiche zurückgestutzt werden, predigte sie unermüdlich in ihren Büchern, Aufsätzen und Vorträgen.

Nun, auf dem Sessel der Treuhandchefin, gibt sich Breuel aber differenzierter. Ihren Beamten macht sie klar: Sie will den Auftrag der Treuhand so schnell wie möglich umsetzen und erledigen und die Anstalt danach abwickeln. Nach außen aber gibt sie sich mitunter weicher. Als direkt zu Beginn ihrer Amtszeit die Berliner Schauspielerin Käthe Reichel beim Hungerstreik der Kali-Kumpel von Bischofferode einen offenen Brief an die oberste Treuhändlerin richtet und sie auffordert: »Geben Sie Ihren entsetzlichen Job auf, der Millionen in die Unfreiheit, in die Arbeitslosigkeit zwingt«, antwortet Breuel nur: »Wir lernen, wir machen Fehler, wir entscheiden, wir tragen Verantwortung. Wir sind Menschen wie Sie.«

Bis Ende Juli 1991, also dreieinhalb Monate nach dem Amtsantritt Breuels, sind 2 986 Firmen für etwa 12 Milliarden D-Mark verkauft. Doch das Verzeichnis der Unternehmen und Immobilien, die noch loszuschlagen sind, hat 600 Seiten. 5 Milliarden D-Mark hat die Anstalt bereits für Sozialpläne ausgegeben, 32 Milliarden D-Mark Liquiditätshilfen in ihr Firmenreich gepumpt. Eine Million Arbeitslose in

Ostdeutschland vermeldet die offizielle Statistik, aber keiner glaubt, dass es dabei bleiben wird. In besonders gebeutelten Branchen wie der Textilindustrie, der Feinmechanik und der Elektrotechnik hat von den ehemaligen Beschäftigten nur noch jeder Dritte einen Job.

Alle Beschwichtigungen, bald werde es besser sein und jetzt zeige sich halt, wie schlimm die Planwirtschaft gewesen sei, nutzen nichts. Jede Erklärung der Präsidentin, nun wirklich alles Denkbare zu tun, ändert nichts an der Wirklichkeit.

Nur Privatunternehmer, lautet das Credo der reinen Lehre, besitzen die Kreativität und haben vor allem die Bereitschaft, die Wirtschaft in der ehemaligen DDR voranzubringen. Privatisierung, predigt Breuel, ist immer noch die beste Sanierung. Hartnäckig kämpft die Präsidentin gegen all jene an, die nach einem Mittelweg suchen, die sanieren und dann erst privatisieren wollen, wenn es nicht andersherum zu machen ist. Schnell ist vielen Beobachtern klar: Breuel ist härter und kälter als Rohwedder. Sie handelt mit einer Konsequenz, die nur denen gemein ist, die an ein höheres Ziel glauben. Nur: So leicht passen Überzeugung und Wirklichkeit nicht überein. Die Hoffnungen der Treuhand-Chefin etwa, durch Außenbüros in Tokio und New York ausländische Investoren anzulocken, erfüllen sich nicht. Insgesamt werden kaum zehn Prozent der neuen Eigentümer alter Firmen aus dem Ausland kommen.

Ossis gegen Wessis?

Die Chefin ist intern umstritten. Der Breuel-Stil, erst Härte zu zeigen, dann einzulenken, ist fast schon ein Markenzeichen der Präsidentin. Die Bezeichnung »Eiserne Lady« versteht sie als Kompliment. »Madame«, wie viele ihrer Kollegen sie nennen, kann nicht anders. Zu erfolgreich funktionierte in ihrer bisherigen Karriere als Bürgerschaftsabgeordnete in Hamburg und als Wirtschafts- und Finanzministerin in Hannover die Methode, sich in schwierigen und unübersichtlichen Situationen in die festen Prinzipien ihres klaren Weltbildes zu retten. Dort gibt es Sicherheit.

»Strukturpolitik ist nicht Aufgabe der Treuhand«, heißt ihr Mantra. Ihre Umwelt lässt die Flucht ins Prinzipielle jedoch häufig ratlos zurück. Die drängenden konkreten Fragen von Geschäftsführern und Betriebsräten streift die Politikerin, im industriellen Management unerfahren, am liebsten nur am Rande. Am »organisatorischen Treuhand-Dschungel«, von dem das *Handelsblatt* in jenen Tagen berichtet, ändert sich so nichts. »Früher wusste in der Treuhand niemand, wo es langging, weil der Apparat noch im Aufbau war. Jetzt ist die Behörde komplett – und jetzt hakt es, weil die Belegschaft des Großunternehmens in viele Teilgruppen zerfällt«, schildert ein Vorstand dem *Spiegel*.

Ossis kämpfen gegen Wessis, Ex-Beamte gegen Ex-Manager, Yuppies gegen Altvordere. Vor allem lähmen politische Querelen den Apparat. Der »Düsseldorfer Sozi-Klüngel«, wie die Schwarzen mit Blick auf das Herz der westdeutschen Sozialdemokratie im bevölkerungsreichsten Bundesland der »alten« Bundesrepublik lästern, versteht den Privatisierungs- und Sanierungsauftrag ganz anders als die strengen Marktwirtschaftler aus dem CDU-Lager.

Die Praxis der Treuhänder nähert sich der SPD-Linie stärker, als Breuels Rhetorik vermuten lässt. Die Berliner Zentrale finanziert über Kreditbürgschaften marode Unternehmen, damit dort die Produktionsanlagen modernisiert und wettbewerbsfähige Produkte hergestellt werden können. Zum Aufbau einer modernen Spinnerei in Sachsen wurden beispielsweise 40 Millionen Mark bereitgestellt. 550 Millionen Mark fließen in die Standorte Buna und Leuna, um die Chemie-Industrie in Sachsen-Anhalt zu retten. Für die Qualitäts- und Edelstahl AG in Brandenburg gab es Geld zur »Modernisierung bewährter Erzeugnislinien«.

Das Geld aus Berlin weckt neue Begehrlichkeiten. »Wir fordern eine ebensolche Unterstützung, wie sie die Treuhand in Milliardenhöhe den Standorten Jena, Eisenach und Sondershausen gewährt hat«, schreibt der Betriebsrat des Robotron Büromaschinenwerks im sächsischen Sömmerda Anfang Juli an die Treuhand-Chefin. Doch der Hinweis auf andere Beispiele nutzt nichts. In der strittigen Sanierungsfrage gibt es keinen klaren Kurs der Treuhand – auch weil Breuel zwischen eigener Überzeugung und öffentlicher Beschwichtigung schlingert.

Ein typisches Beispiel liefert die Vorstandssitzung Mitte Juni: Es geht um Unterstützungen für »dauerhaft sanierungsfähige Unternehmen der chemischen Industrie sowie der Glas- und Keramikindustrie« in den Großräumen Cottbus und Suhl. Im Treuhand-Vorstand sprechen sich einige Mitglieder dafür aus, 137 Millionen Mark bereitzustellen, um die Differenz der Gaspreise auszugleichen. Breuel sieht das anders. Bei ihr kommt nur »Subventionierung der Energiepreise« an. Das verstößt, doziert sie, gegen die Prinzipien der Marktwirtschaft. Das Gremium lehnt ab, und schon gibt es einige tausend Arbeitslose mehr.

Wie solche Folgen Breuel sensibilisierten, erfährt an jenem November-Tag in Berlin auch der italienische Stahlunternehmer Riva: Breuel lässt ihre Leute dem Italiener strenge Arbeitsplatzgarantien in die Verkaufsvereinbarung schreiben. Vom Tag der Novemberzusammenkunft an dauert es noch sechs Monate, bis Riva Eigentümer der Unternehmen wird. Am 4. Dezember einigen sich Gewerkschaften, Treuhand und Riva. Die Italiener garantieren unter anderem eine »Lösung der sozialen Absicherung«. Breuel hat ihren internationalen Investor, und das ohne staatliche Unterstützung. Der Markt hat gesiegt. Wenn auch mit ein bisschen Nachhilfe.

Was daraus wurde

Als die Treuhandanstalt am 31. Dezember 1994 ihre Arbeit einstellte, hatte sie 15 102 Betriebe privatisiert, 310 Betriebe kommunalisiert und 3 700 Betriebe abgewickelt. Für rund 25 000 kleine Geschäfte und Gastronomiebetriebe wurden neue Betreiber gefunden.

1994 gelang es, eine Steigerung von 20 Prozent in der ostdeutschen industriellen Produktion zu erreichen. Das Budget der Anstalt schloss 1994 dennoch mit einem Defizit von gut 250 Milliarden D-Mark. Die Arbeit der Treuhand ist bis heute umstritten. Vor allem der radikale Schnitt, den sie der ostdeutschen Wirtschaft binnen vier Jahren von der

Staatswirtschaft auf eine komplette Privatwirtschaft abverlangte, hat die Kritiker bis heute nicht verstummen lassen. Hinzu kommen zahlreiche Korruptionsfälle und die grassierende Inkompetenz vieler Aufkäufer.

Eine effizient arbeitende Privatisierungsagentur, in der nach transparenten Kriterien entschieden wird, war die Treuhand nie. Angesichts des Zeitdrucks, unter dem sie agierte, konnte sie dies aber wohl auch nicht sein. Die weitreichenden Entscheidungsspielräume, die ihr die Bundesregierung zugestand, gab sie an ihre Mitarbeiter weiter. Nur so ließ sich innerhalb von vier Jahren eine ganze Volkswirtschaft privatisieren.

Lesetipps

Klaus Behling, *Die Treuhand: Wie eine Behörde ein ganzes Land abschaffte*, Berlin 2015.

Klaus Boers / Ursula Nelles / Hans Theile (Hg.), *Wirtschaftskriminalität und die Privatisierung der DDR-Betriebe*, Baden-Baden 2010.

Birgit Breuel (Hg.), *Treuhand intern. Tagebuch*, Frankfurt am Main/ Berlin 1993.

Dirk Laabs, *Der deutsche Goldrausch – die wahre Geschichte der Treuhand*, München 2012.

Danksagung

Ein Buch wie dieses wäre nicht möglich ohne die freundliche und engagierte Unterstützung vieler Menschen, die Zugang zu Quellen gewährten, mit wissenschaftlichen und praktischem Rat zur Seite standen, die Türen zu ihren Archiven öffneten oder sich die Zeit nahmen, aus ihren eigenen Erfahrungen zu berichten.

Allen voran gilt der Dank unserem Lektor Jürgen Hotz, ohne dessen Ermunterungen und dessen stets fröhlichem, aber kritischem Feedback wir das Buch nicht angegangen wären. Der Dank gilt der Verlagsgruppe Handelsblatt, die die ersten Recherchen zu dem Buch ermöglichte, und Christoph Roolf für seine akribische Durchsicht der Manuskripte und das Auswählen der Ereignisse für die Deckblätter, die vor den einzelnen Reportagen stehen.

Ohne die Einschätzung der Historiker Jochen Streb, Toni Pierenkemper, Ray Stokes und Harold James wäre die Auswahl der Meilensteine womöglich eher dem Zufall als der Systematik überlassen gewesen. Ebenfalls zu nennen wären das Archiv der Konrad-Adenauer-Stiftung, das Archiv der Stadt Köln, das Krupp-Archiv sowie die Unternehmensarchive von Volkswagen, Siemens, Deutsche Bank, Mercedes-Benz, TÜV-Süd, BASF, EADS/Airbus, Martin Herrenknecht und das Archiv der Deutschen Bundesbank. Unser Dank gilt auch den Wissenschaftlern Ursula Rombeck-Jaschinski, Margit Szöllösi-Janze und Eugen Wendler.

Besonderer Dank gilt unseren Liebsten zu Hause, die sich mit uns – unterstützend, motivierend und ratgebend – auf die Reise durch die deutsche Wirtschaftsgeschichte gemacht haben.